Anleitung zur vollständigen Ausbildung im Gesange

nebst Lehre, das Organ zu kräftigen, dauernd zu verschönern, Fehler desselben zu heben und den höchsten Wohlklang der Stimme zu erzielen

von

Anastasio Minoja

2. Aufl.

Leipzig 1857

Hrsg./Bearb.: Maximilian Hörberg, München 2009

Um freundliche Unterstützung meiner Arbeiten wird gebeten:

Deutschland:	Österreich:	Schweiz:
Berliner Sparkasse	Erste Bank Wien	Migros Bank Zürich
BLZ 100 500 00	BLZ 20 111	Clearing-Nr. (BC): 8401
Konto-Nr. 610 129 65 88	Konto-Nr. 287 638 082/00	Konto-Nr. 16 189 460 504
IBAN: DE74 1005 0000 6101 296588	IBAN: AT46 2011 1287 6380 8200	IBAN: CH84 0840 1016 1894 60504
BIC: BELADEBE	BIC: GIBAATWW	BIC: MIGRCHZZ80A

Vielen Dank im Voraus!
Maximilian Hörberg

Impressum:

Drucker:	Lulu Enterprises Inc., 3101 Hillsborough St, Raleigh, NC 27607-5436, USA www.lulu.com
Verlag/Hrsg./Bearb.:	Maximilian Hörberg, Riedgaustr. 20, 81673 München, Deutschland www.maxhoerberg.de

| ISBN: | 978-3-00-023408-8 |

Inhaltsverzeichnis

Vorwort

Das vorliegende Büchelchen erschien vor zwei Jahren in der ersten Auflage unter dem Titel: *"Geheimnisse der berühmtesten Sänger und Sängerinnen in der Kunst, die größte Virtuosität im Gesange zu erlangen etc."* und tritt nur darum in seiner zweiten Auflage mit einfacherem Titel vor das Publikum, weil ein solcher von zahlreichen Gesangslehrern gewünscht wurde, welche das Werkchen bei ihren Schülern und Schülerinnen eingeführt haben.

So gewichtigen Stimmen glaubten wir Rechnung tragen zu müssen und wünschen nur, dass das von einer großen Anzahl Sachverständiger so warm empfohlene Buch auch in dieser neuen Auflage recht viele Freunde finden möge.

Anastasio Minoja

* * *

Einleitung

Unter den schönsten und herrlichsten Gaben, welche der Mensch von dem liebreichen Schöpfer dieser Welt erhalten hat, steht die Stimme oben an. Wird sie einerseits als Vermittlerin der Sprache zu dem wichtigsten Hebel der Kultur, so wird sie andererseits, indem sie sich zum Gesange gestaltet, das schönste und rührendste Musikinstrument, und alle anderen, mögen sie noch so sinnreich erfunden sein, mit noch so großer Kunst gespielt werden, treten in den Hintergrund, wenn die menschliche Stimme sich erhebt und den Worten durch ihre Melodien erst eigentliches Leben gibt, die verborgensten Gefühle des Herzens zur Wirklichkeit hervorzaubert und in die geheimsten Saiten der Seele bei den Zuhörern mächtig eingreift, dass sie ebenfalls erklingen und mittönen müssen. Schon das einfache Lied eines fröhlichen Naturkindes erweckt bei jedem Menschen, und wäre er auch noch so roh, menschenfeindlich oder unglücklich, stets eine freudige Empfindung. Um wie viel größer muss also nicht die Wirkung durch die gebildete Stimme werden, wenn wahre Kunst und geregelte Phantasie jenes wunderbare Geschenk begleiten und heben! Nichts ist einer solchen ausgebildeten Stimme zu vergleichen. Es gibt kein Felsenherz, das nicht durch sie erweicht, erschüttert, durchbebt, mit Gefühlen der Wonne, der Wehmut, der Liebe, der Religion allgewaltig durchschauert würde. Alles beherrschend steht sie da, die Göttin, die Königin des unbegrenzten, ewig neuen Zauberreiches der Musik.

Aber es erfordert richtige Belehrung, gediegene Anweisung, verbunden mit gutem Willen und einem gewissen Fleiß, um den erhabenen Standpunkt zu erreichen, auf welchem wir jeden Freund und jede Freundin der Musik, besonders des Gesanges, zu sehen wünschen möchten. Wer minder reich von der Natur bedacht ist, der suche die Fehler seiner Stimme zu verbessern und diese zu veredeln, was in der Tat nicht so unmöglich ist, wie mancher denkt; wer aber so reich von der Gottheit beschenkt wurde, dass er eine gute, vielleicht eine ausgezeichnete Stimme erhielt, der erkenne ihren Wert, halte sie in Ehren und vermeide zunächst alles, was dieses köstliche Geschenk verderben kann; denn die höchste Gesangskunst bleibt immer nur wenig, wenn die tönende Stimme dahin ist, ebenso, wie die schönste Stimme meist kalt lässt, wenn sie mangelhaft oder verkehrt angewandt wird, wie man das nur zu oft hört bei denen, welche, durch Eigendünkel verleitet, die von der Natur vorgeschriebenen Grenzen überschritten, oder, wie noch öfter vorkommt, die herrliche Gabe vernachlässigten, nur als Broterwerb mechanisch gebrauchten, statt durch Fleiß und Ausdauer in die Geheimnisse der Kunst einzudringen und in dem unendlichen, schönen Reiche immer weiter zu schreiten.

In unseren Zeiten wird die Musik höher geschätzt, als vielleicht je. Wir könnten unsere Periode das musikalische Zeitalter nennen, und es tut wirklich not, dass man sich abziehe von den traurigen äußeren Verhältnissen, dass man auf jede Weise sie zu vergessen trachte, was allerdings am leichtesten möglich ist, wenn man sich der Kunst zuwendet und ganz in diese versenkt. In jeder Familie, die nur einigen Anspruch auf Bildung macht, findet man daher ein Piano oder einen Flügel, jeder junge Mann sucht seine Stimme auszubilden, unsere jungen Damen gehen in ihren lobenswerten Bestrebungen noch weiter, indem jede von ihnen eine Künstlerin werden möchte, selbst die kleineren Städte haben ihre Gesangvereine unter verschiedenen Namen, haben öffentliche Winterkonzerte und geschlossene Gesellschaften der mannigfachsten Art, in denen Unterhaltung durch Instrumental- und Vokalmusik an die Stelle der Kartenspiele und der Stadtklatschereien getreten sind.

Daher meinen wir, ein zeitgemäßes Werk vollbracht zu haben, wenn wir mit Zugrundelegung eines schätzbaren kleinen Werks, das von der Hand der einst so gefeierten Catalani geschrieben ist und an dessen Echtheit zu zweifeln, wir nicht den mindesten Grund haben, zum Besten unserer gesangeslustigen Welt die Lehren zusammenstellen, welche unumgänglich nötig sind, um Ausgezeichnetes, Tüchtiges und Vortreffliches im Gesange zu leisten, selbst dann zu leisten, wenn man von Haus aus eine minder rund und metallisch klingende Stimme, ein minder kräftiges Organ, eine minder gute Brust hat. Zugleich haben wir aber aus den Werken der berühmtesten Gesangsmeister älterer und neuester Zeit die besten, leider so oft unbeachtet bleibenden, für so unendlich Viele unzugänglichen Lehren über die Ausbildung der Stimme ausgehoben und mit denselben das Manuskript der Catalani vervollständigt, so dass dasselbe hier in einer gänzlich umgearbeiteten Gestalt vor uns liegt.

Diese Umarbeitung war aber auch aus anderem Grunde nötig. Signora Catalani schrieb als Künstlerin, wir aber schreiben für Dilettanten, die erst Künstler werden wollen. Was sie andeutete, das müssen wir ausführen; während sie unmittelbar in die Sache einging, müssen wir den Eingang erst vorbereiten, um verstanden zu werden. Wir müssen mit dem Abc beginnen, um dann erst lesen zu können.

Um jedoch das Verständnis noch leichter zu machen, werden wir unsere Belehrung in zwei Kursen geben. Im ersten Kursus werden wir das Notwendigste vortragen und zu dem Verständnis des zweiten Kursus vorbereiten, welcher alsdann das geben wird, was in dem ersten vorläufig ausgelassen wurde, um nicht unsere Leser mit einem Male zu sehr zu überhäufen.

So viel versichern wir hier schließlich, dass in diesem kleinen Werkchen die besten, die von den größten und berühmtesten Meistern erteilten Ratschläge und Regeln zusammengetragen werden sollen, welche bei fortgesetztem Fleiße und genügender Übung notwendig zu dem Ziele führen müssen, das sich jeder angehende Sänger, jede junge Sängerin gesteckt hat, zu jenem schönen Ziele, nach welchem die Augen von Millionen gerichtet, das aber gleichwohl nur von wenigen erreicht wird, weil es ihnen an der notwendigen Anweisung fehlt und die vorhandenen, meist kostspieligen Werke, in denen sich solche Anweisung findet, ihnen nicht zugänglich sind.

* * *

Erster Kursus

Nötige Vorkenntnisse

Unter Gesang versteht man die Vereinigung der Musik und Sprache in der menschlichen Stimme zu künstlerischem Zwecke, wodurch Empfindungen in abgemessenen und ihrer Höhe nach bestimmbaren Tönen ausgedrückt werden.

Der Gesang ist bloß den Menschen und Vögeln eigen. Auch die rohesten Völker haben ihre Arten des Gesanges, und wo die Rede nicht ausreicht, da gibt der Mensch seinen Gefühlen durch Gesang Luft. In den ältesten Zeiten war der Gesang wohl stets, wie noch jetzt bei rohen Völkern, mit Tanz verbunden, und sollte lebhafte Affekte, wie Zorn, Rache und Liebe, lebhafter ausdrücken. In ähnlicher Art sangen bei schon gebildeteren Völkern ganze Chöre von Sängern, deren Gesang von Instrumenten und Tanz begleitet war; so z.B. beim Durchgang der Israeliten durch das Rote Meer. Vor allen verdient aber König David erwähnt zu werden, welcher Saul durch Harfenspiel und Gesang den Trübsinn verscheuchte und beim Gottesdienste selbst seine Psalmen zur Harfe sang, aber sie auch durch Chöre singen und oft von Tänzen begleiten ließ. Ähnliches fand auch bei den Opfern der Ägypter und Griechen statt, wo Hymnen den Göttern erschallten und Tänze die Opfer begleiteten. Bei den Griechen sang Homer, ungefähr im Stil unserer heutigen Rezitative, nur von der Lyra begleitet, seine Ilias und Odyssee, und auf ähnliche Weise waren vielleicht die Chöre bei den Trauerspielen angeordnet. Auch kamen bei den Alten Kriegsgesänge vor. Bei den Römern waren Gesänge bei den Opfern, bei der Tafel und sonst gewöhnlich, wenn auch der ernstere Charakter dieses Volkes den Gesang weniger häufig anwandte. Bei den Kelten und Germanen war es das Geschäft der Barden und Skalden, Lieder bei den Opfern und einheimische Heldentaten zur Ergötzlichkeit des Volkes zu singen. Im Mittelalter sangen in Nordfrankreich die Trouvèren und in Südfrankreich die Troubadoure, in England die Minstrels, seit dem 12. Jahrhundert in Deutschland die Minne-, seit dem 14. Jahrhundert die Meister- und später die Bänkelsänger. Mit dem Emporkommen der christlichen Religion begann für den Gesang, der als Kirchengesang bald allgemein gebräuchlich war, eine neue Epoche. Ambrosius, Bischof von Mailand, und der Papst Gregorius taten viel zur Vervollkommnung desselben. Dennoch hatte er noch nicht den ernsten strengen Charakter, durch den er sich später auszeichnete, und die Schriftsteller des Mittelalters eifern sehr gegen die Frivolität und Künstelei in jener Zeit, sowie gegen das Singen von geistlichen Liedern nach weltlichen Melodien.

Erst im 10. Jahrhundert begann, während früher unisono gesungen wurde, der harmonische drei- und vierstimmige Gesang, und die Theorie der Musik wurde durch Guido von Arezzo, Gerbert u.a. festgestellt und erhalten. Um die Zeit der Reformation trat die gegenwärtige Ausbildung der Kirchenmusik ein, und es schieden sich nun mit Bestimmtheit: Kirchenmusik, Theatermusik und Konzertmusik.

Was zunächst die katholische Kirchenmusik betrifft, so liegt es im Charakter des Katholizismus, die Religion als ein dem Menschen von außen, von der Gottheit Gegebenes von allem Menschlichen streng zu scheiden, ihren inneren, heiligen Dienst dem Laien zu entziehen und dem Geweihten zu ausschließlicher Verwaltung zu übergeben. Namentlich die Messe ist kein vom Volke selbst, sondern von den Priestern für jenes zu verrichtendes Gebet; die Priester bilden einen vermittelnden Stand zwischen der Gottheit und dem Volke, ihren

Mund bald den göttlichen Verheißungen und Verkündigungen, bald den Bitten des ungeweihten Volkes leihend. Daher musste für den heiligen Dienst eine heilige Sprache geschaffen werden, was besonders durch Palestrina geschah. In ihrer besonderen Reinheit wurde diese Sprache in der Sixtinischen Kapelle in Rom erhalten. Mehr und mehr bestimmter, individueller Ausdruck zeigte sich in den Werken der späteren Tonsetzer. Mit dem Streben, das Heilige in reiner Weihe auszusprechen, verband sich die Absicht, es in irdischer Herrlichkeit und Würde darzustellen; großer Sinn, großartige Pracht wurde auf der einen Seite, Wärme und Innigkeit auf der anderen das vornehmste Ziel. In allen diesen Leistungen bleibt aber der Geist der katholischen Kirche vorherrschend, der das Heilige vom Profanen abzusondern strebt.

In der protestantischen Kirchenmusik war dagegen in schroffem Gegensatz das Wort Mensch geworden. Der Chor war das Volk selbst, jede Empfindung, jede Anschauung, jede Idee, die im Menschen lebte, durfte in diesen Kompositionen erscheinen. Ihre höchste Vollendung hat diese Art der Kirchenmusik in Händel erreicht. Wahrheit, feste Überzeugung, inniges Durchdrungensein, Bestimmtheit sprechen aus seinen Werken, besonders aus seinen größeren Kompositionen.

Im Gegensatz zur Kirchenmusik führte die Oper, die zuerst in Italien und Frankreich aufkam, einen leichteren Stil im Gesange und der Musik überhaupt ein, der sich besonders im 17. und 18. Jahrhundert ausbildete. Man versteht unter Oper (ital. Opera) eigentlich ein Schauspiel in Versen, von den darstellenden Personen mit Begleitung des Orchesters, ohne dazwischenliegenden Dialog, sondern so, dass dieser durch das Rezitativ ersetzt wird, gesungen. Die Oper ist Untergattung des Singspiels und nähert sich, der poetischen Behandlung nach, bald dem Trauerspiel, bald dem Lustspiel, bald dem Schauspiel. In der ernsthaft tragischen Oper (große

Oper, Opera seria, eigentliche Oper) handelt ein Held nach der Analogie des Helden im Trauerspiel; in der komischen Oper (Opera buffa, lyrische Komödie) werden Torheiten und Fehler versinnlicht dargestellt oder Intrigen ausgesponnen, an deren Darstellung der Faden bis zur Entwicklung fortläuft, doch ersetzt bei derselben, wie bei der folgenden, der Dialog meist das Rezitativ; die gemischte Oper (Opera semiseria) ist nach der Analogie des Schauspiels gebildet und wechselt mit heiteren und ernsthaften Partien. Dass die Handlung durch den sie oft unterbrechenden Gesang nicht schleppend werde, ließ man bald die Personen statt der Rezitative auch sprechen, und mengte prachtvolle Kostüme, Dekorationen, Maschinen, Aufzüge und Ballette ein, um das Auge des Zuhörers zugleich zu beschäftigen. Deswegen wählte man auch meist Stoffe aus der Götter-, Märchen- und Feenwelt und bildete so die romantische Oper, die besonders von den Deutschen, hauptsächlich durch Mozart in Don Juan und der Zauberflöte, und in neuerer Zeit durch Carl Maria von Weber, besonders im Freischütz, Oberon u.a. ausgebildet wurde. Dieser Geschmack artete aber bald in bloße Pracht, Dekorations- und Maschinenwesen aus. Für die Oper als musikalisches Kunstwerk tritt dasselbe Verhältnis ein, in welchem der Dichter der Kantate zum Komponisten steht, und nach der ursprünglichen Bestimmung der Oper schreiten Poesie und Musik in derselben miteinander durch Arien, Rezitative und Chöre fort.

Die Operette, d.i. eine Oper von kürzerer Dauer und von wenigeren in die Handlung verflochtenen Personen, ist jüngeren Ursprungs als die Oper und dadurch von derselben verschieden, dass in ihr die musikalische Begleitung zunächst auf Arien und Chöre eingeschränkt ist und mit dem Dialoge abwechselt. Ursprünglich hatte die Operette bloß eine komische, dem Lustspiel ähnliche Einrichtung (als Opera buffa), später aber war besonders durch Verpflanzung ausländischer, namentlich italienischer Opern auf das deutsche Theater, mit deutschen Texten unter Arien und Chören, die Grenzlinie zwischen Oper und Operette beinahe ganz durchbrochen. In neuerer Zeit hat sich der Begriff von Operette wieder getrennt und man bezeichnet mit Oper die größeren dramatischen Musikstücke, obschon der Dialog oft in sie eingewebt ist, und nur die Arien, Duette, Terzette und Chöre gesungen werden, besonders aber die romantische Oper; mit Operette aber die kleineren eigentlichen Singspiele oder Liederspiele. Zu ihnen sind jetzt noch die Vaudevillestücke getreten, wo in Nachahmung der französischen leichten Stücke dieser Art, beliebten und bekannten Volksmelodien oder Stücken aus anderen Opern andere, zu dem Stück passende Texte untergelegt werden, die also nur leichte, gefällige Melodien von Arien u. dgl. enthalten. Besonders beliebt sind und waren in Deutschland von dieser Art: der Kapellmeister von Venedig, der Schiffskapitän, der Bär und Bassa, Sieben Mädchen in Uniform u.a.

Eine Nachahmung des französischen Vaudeville ist das erwähnte Sing- oder Liederspiel, erfunden zu Anfang des 19. Jahrhunderts von Reinhardt, um den immer mehr um sich greifenden Ungeschmack des großen Publikums an der sogenannten brillanten Setzweise in der Oper und die Schwierigkeiten der Sänger zur edlen und rührenden Einfachheit zurückzuführen. Den ersten Versuch machte er mit *"Liebe und Treue"*, das er 1800 in Berlin auf das Theater brachte, worin der musikalische Teil aus bloßen Liedern, nur von einigen Instrumenten begleitet, bestand. Doch konnte sich bei späterer, schneller und eigentümlicher Ausbildung der deutschen Oper diese Gattung der dramatischen Musik nicht auf dem Repertoire erhalten.

Wir erwähnten ferner als eine besondere Gattung der Musik die Konzertmusik. Sie umfasst Musik- und Gesangstücke, die hauptsächlich zur Aufführung in Konzerten geschrieben sind. Da Konzerte ihren Ursprung in dem Bedürfnis der höheren und höchsten Gesellschaft nach ihrem Range gemäßer sinnenreizender Unterhaltung gefunden haben, so hat sich im Konzertwesen überhaupt die äußerliche, unkünstlerische Tendenz kostbaren Zeitvertreibs herrschend erhalten. Daher auch war in der Konzertmusik zu jeder Zeit die Heimat des Bravourgesanges zu finden, mit dem man sich als seltener und großer Künstler am leichtesten und geschwindesten, vor den Augen der großen Menge am sichersten bewähren konnte. Übrigens werden in unseren Konzerten nicht ausschließlich Konzertstücke zur Ausführung gebracht, sondern auch Teile aus Opern etc. Die Konzerte sind, je nach ihren Beziehungen, inneren und lokalen Einrichtungen oder Bestimmungen entweder öffentliche, wenn die Zuhörer Eintrittsgeld bezahlen, Privat-, Hof-, Dilettanten-, Instrumental-, Vokal- oder Kirchenkonzerte. Bei Aufführung eines oder mehrerer Musikstücke mit Anwendung außergewöhnlicher Mittel heißt ein Konzert ein großes Konzert; unter Veranstaltung und Mitwirkung bedeutender Künstler und mit alleiniger Rücksicht auf die Musik selbst bei Wahl der einzelnen Musikstücke musikalische Akademie, und wenn Kirchenmusikstücke oder Oratorien aufgeführt werden, geistliches Konzert (Concert spirituel); wenn besonders Blasinstrumente verwendet werden oder die aufgeführten Stücke militärisch sind, Militärkonzert.

Konzerte in großartigem Maßstabe sind die Musikfeste, festliche und kunstreiche Aufführungen großer Musiken durch gemeinschaftliches Zusammenwirken der ausgezeichnetsten Musiker und Sänger einer ganzen Gegend. Die ersten Musikfeste fanden seit der Mitte des 18. Jahrhunderts in der Westminsterabtei zu London statt, und zwar zur Gedächtnisfeier Händels, indem man an seinem Sterbetage ein Oratorium von seiner Komposition von 400 bis 800 Sängern und Spielern aufführte. Später entstand der Schweizer Musikverein unter Nägeli, der in den bedeutendsten Städten der deutschen Schweiz große Musikstücke aufführte. In Deutschland führte die Idee der Musikfeste der Musikdirektor Bischoff zu Frankenhausen aus, indem er dort 1810, dann 1811 und 1812 zu Erfurt Konzerte veranstaltete, zu deren Mitwirkung er eine große Menge Musiker und Komponisten, selbst aus großer Ferne, einlud, worauf er 1820 in Helmstedt Gleiches veranstaltete. Diesem Beispiel folgten mehrere andere Städte Nord- und Süddeutschlands; so veranstaltete 1815 die Gesellschaft der Musikfreunde des österreichischen Staates zu Wien bei Gelegenheit des Kongresses, 1816 und 1818 Hamburg, 1817 Lübeck, zu anderer Zeit Bremen, Eutin, Ludwigslust, Kiel etc. Musikfeste, und endlich verbanden sich mehrere nicht zu entfernt liegende Städte zu jährlicher Abhaltung von Musikfesten, an welchen gewöhnlich am ersten Tage große Oratorien, die erst bei sehr starker Besetzung die beabsichtigte Wirkung erreichen, in den folgenden Tagen große Instrumentalsätze und ausgezeichnete Virtuosenleistungen aufgeführt werden. So entstand namentlich zwischen den Städten Düsseldorf, Köln und Aachen ein solcher Verband unter F. Ries Leitung unter dem Namen des niederrheinischen Musikvereins, um zu Köln, Düsseldorf etc. seine Musikfeste abzuhalten. Ein ähnlicher Musikverein existierte unter dem Namen des Elbvereins zwischen Magdeburg, Quedlinburg, Halberstadt etc., der 1824 bei dem 2. Musikfest in Quedlinburg konstituiert wurde. Ebenso tauchten mehrere ähnliche Vereine auf, scheiterten aber meist an dem großen Geldaufwand, den die Unterhaltung und Reisekosten einer so großen Zahl Musiker veranlassten, und hielten sich nur dann, wenn sie von Gönnern der Musik, aus Kassen von Vereinen etc. Zuschuss erhielten. Reinen Gewinn werfen nur wenige ab. Außerdem sind hierher zu rechnen die großen musikalischen Aufführungen, welche die Singakademie zu Berlin, die Cäciliengesellschaft zu Frankfurt a.M. etc. veranstalten. Im Allgemeinen haben die Musikfeste dahin gewirkt, die Musik unter dem Volke zu verbreiten, Liebe zu Spiel und Gesang allenthalben anzufachen.

Kaum möchte es daher in Deutschland noch eine Stadt oder ein Städtchen geben, wo nicht unter dem Namen Liedertafel, Liederkranz, Gesangverein etc. irgendein Verein von Männern oder Damen bestände, die zu ihrem Vergnügen teils Solo-, teils mehrstimmige Gesänge an bestimmten Abenden ausführen. Diese Liedertafeln sind eine Schöpfung der neueren Zeit. Zwar bestand schon 1673 zu Greiffenberg in Hinterpommern ein Männerverein aus 16 Mitgliedern, die in freundschaftlichen Zusammenkünften Lieder sangen, die sie selbst dichteten und komponierten, nur hatte man bei diesem und anderen Vereinen mehr das Ernste und Fromme zum Zweck, während bei den jetzigen das Lebensfrohe vorherrscht. Die erste eigentliche Liedertafel entstand um 1809 in Berlin unter Zelter, dem ebendaselbst ein zweiter unter Bernhard Klein folgte; nach der Schlacht bei Leipzig vermehrten sich die Liedertafeln schnell und seit 1818 wurden sie ganz allgemein. Frankfurt a.d.O. bildete nach dem Berliner einen vortrefflichen Männerverein, darauf Leipzig eine durch eigentümliche Einrichtung ausgezeichnete Liedertafel, worauf dann die Dessauer und Göttinger Liedertafel und später noch so unzählige andere begründet wurden.

Nachdem wir nun von der Kirchenmusik, der Theater- und Konzertmusik gesprochen, an die letztere anknüpfend auch gleich das Wissenswerte von den Konzerten und den verschiedenen Arten derselben mitgeteilt haben, bleibt uns noch übrig, von dem Liede zu sprechen, welches in der neuesten Zeit, sowohl ein- wie mehrstimmig, bedeutend ausgebildet ist und den hauptsächlichsten Gegenstand des Vortrages im Familienkreise, sowie bei kleineren Konzerten und den Leistungen der Liedertafeln bildet.

Das Lied ist eine der lyrischen Form angehörende Dichtungsart, deren Charakter auf der Darstellung nur eines Gefühls beruht, welches die Seele sanft bewegt hat. Der Ton des Liedes ist an sich der Ton reiner Freude, der Beruhigung, der Hoffnung. Dieser Ton wird erregt durch die Beziehung des Gefühls auf ein ersehntes oder gegenwärtiges Gut. Dabei ist das Lied bestimmt, dass es gesungen wird; die Komposition muss sich genau nach der Stimmung der Poesie richten und, soll sie gelungen sein, ganz mit derselben verschmelzen, so dass es nicht möglich scheint, eine andere Melodie für das Gedicht zu erfinden. Dabei muss das Lied leicht singbar, die Melodie leicht fasslich und nicht von großem Umfang sein.

Man teilt das Lied in geistliches Lied, zur Erweckung religiöser Gefühle bestimmt. Wie das Lied überhaupt, so soll auch das geistliche Lied gesungen werden und erheischt deshalb nicht bloß gewisse besondere Einrichtungen in der Form, sondern auch eine bestimmte Melodie, nach der es vorgetragen werden kann. Die Wirkung des geistlichen Liedes hängt daher sowohl von der Schönheit seiner Poesie ab, wie von seiner Gesangsweise. Die wichtigste Art des geistlichen Liedes ist die, welche dem öffentlichen Gottesdienste angehört und - im Gegenteil zu den größeren von besonderen Sängern vorgetragenen Kirchenmusiken, von denen oben die Rede war - von einer ganzen Gemeinde im Chor abgesungen wird. Die Melodie dazu, welche einfach, in gleichlangen Noten, aber nicht im strengsten Takte sich fortbewegt, wird Choral genannt.

Der Choralgesang entstand wahrscheinlich gleich nach der Einführung der christlichen Religion, war jedoch anfangs einstimmig. Bischof Hilarius zu Poitou um 350, und St. Ambrosius, Bischof von Mailand um 380, setzten Melodien, die wahrscheinlich Choräle waren. Die wesentlichste Reform nahm Papst Gregor I. mit dem Choral vor, indem er zu den vier früheren von Ambrosius angeführten authentischen Tonarten der Griechen die vier plagalischen hinzusetzte und neue Tonzeichen annahm (Gregorianischer Gesang). Späterhin verbesserten ihn noch Glarean und Luther. Jetzt begleiten gewöhnlich beim Choral drei andere Stimmen die Stimme, welche die Melodie führt, melodisch, aber nur wenig Instrumente, wie die Orgel, der Flügel, ein Bassinstrument (in Frankreich der Serpent) etc., mehr um die Stimme zu halten, als zum Akkompagnement zu dienen. Am besten klingt der Choral ohne alle Begleitung.

Schon die Apostel sahen das Lied als ein wichtiges Erbauungsmittel bei den gottesdienstlichen Versammlungen an und empfahlen es den christlichen Gemeinden. Aber auch die spätere Kirche wusste den Wert der geistlichen Poesie, vornehmlich für den Zweck der öffentlichen Gottesverehrung, stets zu schätzen und bestrebte sich zu aller Zeit, sie möglichst emporzubringen. Sowohl der Orient wie der Okzident hatte seine geistlichen Dichter aufzuweisen. Aber in den Jahrhunderten der Barbarei verstummten auch die geistlichen Sänger und ließen sich nicht eher wieder vernehmen, bis das Licht der Kultur dem Abendlande wieder aufgegangen war und sich von Süden aus über den Norden von Europa verbreitete. Nun erst entwickelte sich geistliche Poesie auch auf dem deutschen Boden und bald erklangen hier und da Gesänge in der Muttersprache, selbst in Gotteshäusern. Doch waren dies nur immer noch schwache Töne, bis sie im 16. Jahrhundert durch die Reformation einen kräftigeren Impuls erhielten. Von dieser Zeit an sind besonders in Deutschland treffliche geistliche Lieder gedichtet worden. Jeder lernte sie auswendig und sang sie nach dem Gedächtnis. Erst zu Ende des 17. und zu Anfang des 18. Jahrhunderts sammelten einzelne Gemeinden die zweckmäßigsten Lieder und gaben sie heraus (Gesangbücher). Das Holsteinische Gesangbuch, von Tragilius Arnbiel herausgegeben, das Hallische und das Berliner brachen die Bahn und veranlassten unzählige Nachahmungen. Indessen enthielten sie noch größtenteils schwülstige, spielende Lieder, wie sie die damalige Zeit liebte, und erst Zollikofer wagte in seinem 1760 mit Weiße gemeinschaftlich herausgegebenen Gesangbuch diesen Wust zu entfernen und die besseren Lieder der Neueren zu sammeln. Ihnen folgten die reformierten Gemeinden in Bremen und Lüneburg, während früher die Reformierten sich nur der Psalmen zum Kirchengesang bedient hatten, die Lutherischen in der Kurpfalz, in Braunschweig, Göttingen, Schleswig, Holstein, Kopenhagen, Dresden, Hildburghausen, Altenburg, Gera und anderen Ländern und Orten nach, so dass jetzt ziemlich alle evangelischen Gemeinden zweckmäßige Gesangbücher haben. Auch die Katholiken besitzen jetzt Sammlungen deutscher Lieder, so die von Wessenberg für das Bistum Konstanz 1812 und von dem bayerischen Domherrn Boxleidtner herausgegebenen. Selbst die Juden besitzen von Johlsen 1819 und von Kley 1821 herausgegebene Liederbücher.

Das profane (weltliche) Lied ist die Darstellung eines bestimmten, durch die Zustände und Vorgänge des wirklichen Lebens oder durch die Erscheinungen in der Natur angeregten Gefühls. Seine Arten sind so vielfach, wie Zustände, Vorgänge und Naturszenen vielfach aufregen können. So erscheint das profane Lied a) als leidenschaftliches Lied, das Empfindungen der Liebe, Freundschaft, Zärtlichkeit oder einen sanften Schmerz ausdrückt; b) als patriotisches Lied, das besondere Liebe zum Vaterlande anregen soll; c) als Volkslied, das eine Aufforderung zu allgemeinen menschlichen Pflichten enthält, wie zu den besonderen Pflichten gewisser Stände, oder die Freuden gewisser Stände und Lebensarten besingt (Fischer-, Spinner-, Winzer-, Jägerlieder); d) als Kriegslied, in dem Kriegstaten besungen werden - solche Kriegslieder sind Volkslieder oder eigens zur Entflammung des Mutes verfertigt; e) als scherzhaftes Lied, zum Teil den vorigen mit angehörend, dessen sich mehrere beim Genuss erfreuen sollen (Trinklieder). Das profane Lied findet sich bei fast allen Völkern sehr früh, meist verbunden mit Musik und Tanz.

* * *

Die Stimme und deren Pflege

Unter Singen versteht man das Vermögen des Menschen und - wie schon bemerkt wurde - einzelner Vögel, musikalisch schöne, hinsichtlich ihrer Höhe und Tiefe bestimmbare Töne angeben zu können, die sich wesentlich von dem Ton der Sprache unterscheiden, sich jedoch mit diesem verbinden lassen. Das Singen wird durch die Stimme hervorgebracht, und unter Stimme versteht man die Töne, welche der Atem bei seinem Durchgang durch den Kehlkopf hervorbringt, insofern sie ein bestimmtes Verhältnis von Höhe und Tiefe enthalten. Indes möchte es falsch sein anzunehmen, dass die Höhe und Tiefe der Stimme allein von der verschiedenen Weite der Stimmritze abhänge; vielmehr scheinen die übrigen Teile des Mundes dabei mitzuwirken. Überhaupt ist man noch nicht darüber einig, auf welche Weise die Stimme durch das Stimmorgan hervorgebracht wird.

Je nachgiebiger und elastischer die Muskeln des Kehlkopfes sind, je schneller sie in ihren Bewegungen, desto größer ist der Umfang der Stimme und die Gewandtheit derselben. Bei Knaben und dem weiblichen Geschlecht trifft man, wahrscheinlich wegen der größeren Elastizität, die ihre Muskeln noch besitzen, den größten Umfang der Stimme; weniger ist dies bei Erwachsenen des männlichen Geschlechts der Fall.

Im Alter nimmt bei beiden Geschlechtern die Stimme immer mehr ab, je nachdem die Härte und das Zähe des Körpers zunimmt.

Die Stärke der Stimme hängt besonders von der Beschaffenheit der Brust ab. Einer großen und starken Brust steht ein stärkerer Luftstoß zu Gebote als einer engen und schwachen. Außer der Brust trägt aber auch die Mund- und Nasenhöhle vieles zur Verstärkung der Stimme bei; sie bilden gleichsam eine Resonanz, daher, je größer dieselben, desto stärker auch die Stimmen. Hohe Stimmen schallen jedoch weiter und stärker als tiefe, und zwar des großen Kraftaufwandes wegen, den sie erfordern.

Sowohl unter den Stimmen des männlichen Geschlechts wie unter denen des weiblichen Geschlechts sind einige mehr für tiefe, andere mehr für hohe Töne geeignet. Jene heißen daher tiefe, diese hohe Stimmen. Es gibt daher in jedem Stimmgeschlecht zwei, mithin im Ganzen vier Stimmklassen. Die tiefe männliche oder Bassstimme, die hohe männliche oder Tenorstimme, die tiefe weibliche oder Altstimme, die hohe weibliche oder Sopran-(Diskant-)Stimme. Eine Stimme, die dem Umfang nach ungefähr zwischen Sopran und Alt steht, nennt man Mezzosopran. Eine Stimme, die dem Umfang nach zwischen Alt und Tenor, heißt Kontra-Alt; zwischen Tenor und Bass ist Bariton. Diese drei Zwischenstimmen sind jedoch nicht als eigentliche Stimmklassen anzusehen, sondern gehören die erste zum Sopran, die zweite zum Alt, die dritte zum Bass. Wenn in einer Komposition mehrere Soprane, Alte etc. vorkommen, so heißt jede höchste Stimme in ihrer Stimmklasse die erste. Man hat dann einen ersten und zweiten Sopran, Alt etc.

In den jüngeren Jahren des Menschen sind alle Teile des Stimmorgans mehr für die höheren Töne geeignet. Sie sind klein, biegsam, schnell und leicht in ihrer Bewegung, wodurch Gewandtheit und Umfang hervorgebracht werden. Bei Erwachsenen, wo jene Teile schon größer sind, ist dies auch die Wölbung der Mund- und Nasenhöhle; die Brust ist zu mehrerem Aufwande geschickt, und daher die tiefere und die höhere Stimme. Im Alter werden die Stimmwerkzeuge spröder, härter, unbiegsamer, schwerfälliger und der Umfang der Stimme wird sehr beschränkt. Die Abnahme der Kräfte, vorzüglich die des Atemholens, macht die Stimme schwankend, zitternd, heiser, dumpf. Beim Verlust der Zähne, wodurch die Mundhöhle zusammenfällt, wird die Stimme um Vieles dumpfer und ihre Resonanz bedeutend geschwächt. Es durchläuft also die Stimme drei Lebensperioden: die kindliche, die des Erwachsenen und die des Greises. Am auffallendsten verwandelt sich die männliche Stimme, wenn sie aus der ersten in die zweite Periode tritt. Hier erweitern sich sämtliche Stimmorgane, und Gesang und Sprache zeichnen sich sofort durch einen weit tieferen Ton als der vorige aus. Dieser Übergang wird Mutation genannt, die Sache selbst Mutieren. Nach dem gewöhnlichen Gange der Natur tritt das Mutieren zwischen dem 15. und 16. Jahre ein. Es stellt sich dabei eine Heiserkeit, Unbiegsamkeit, ein Mangel an hohen Tönen ein, welche nach und nach wieder verschwindet. Während der Mutation sollen sich Knaben des Singens ganz enthalten, weil durch die Anstrengung desselben die Stimme rau und unangenehm wird.

Endlich besitzt auch die Stimme nach Verschiedenheit der Länder und Völkerschaften gewisse Eigenheiten. Man wird finden, dass die Stimme des Südländers mehr Weichheit und Sanftheit besitzt, dagegen die des Nordländers härter und größtenteils rau ist. Die Ursachen liegen teils in der Organisation, teils in der landesüblichen Beschäftigung, teils in der Beschaffenheit der Atmosphäre und Lebensmittel.

Die Hauptbedingung des Wohlklanges der Stimme ist, dass die gesamten Werkzeuge derselben möglichst glatt, in gleichmäßiger und sanft verlaufender Rundung gewölbt sind und alle einzelnen Teile derselben miteinander in gehörigem Verhältnis stehen. Dahin ist aber nicht allein der Kehlkopf, sondern auch die ganze Mund- und Nasenhöhle zu rechnen. Sind diese Erfordernisse sämtlich vorhanden, so entsteht jener Wohlklang der Stimme, welchen man melodisch nennt.

Die Gewandtheit der Stimme beruht darin, sowohl eine schnelle wie schwierige Tonfolge leicht und ohne Anstoß vorzutragen. Da es hier darauf ankommt, dass die Stimmwerkzeuge leicht bewegbar sind, so besitzen gemeinhin Knaben und das weibliche Geschlecht die meiste Gewandtheit der Stimme, die zwar größtenteils als Naturgabe zu betrachten ist, durch Fleiß und Übung jedoch vervollkommnet werden kann.

Auch die Reinheit der Stimme ist eine Gabe der Natur und lässt sich seltener als die Gewandtheit der Stimme vervollkommnen. Es gibt Menschen, die gar keinen Begriff von Unterscheidung der Töne haben, während andere jeden Ton sogleich rein und bestimmt anzugeben imstande sind. Die Ursache jenes Mangels liegt in der geringen Ausbildung des Gehörs. Das musikalische Gehör liegt aber nicht bloß an der Schärfe des Gehörorgans, sondern ist als eine höhere Eigenschaft des Geistes anzusehen. Aber auch Festigkeit und Sicherheit des Stimmorgans gehört zu der Reinheit der Stimme, doch lassen sich dieselben ebenfalls durch Übung und Aufmerksamkeit erwerben.

Was nun die Pflege der Stimme betrifft, so hat über diesen Gegenstand Liskovius treffliche Regeln gegeben.

Schon als gebildeten Menschen überhaupt kann uns die Erhaltung der Stimme nicht gleichgültig sein. Der Sänger aber, für den die Stimme doppelten Wert haben muss, wird vorzüglich für die Erhaltung derselben besorgt sein und alles gern befolgen, was dazu dient. Allein oft findet eine Unkenntnis dessen statt, was der Stimme gut oder schädlich ist. Es wird daher nicht überflüssig sein, die hauptsächlichsten dahin abzweckenden Regeln hier mitzuteilen.

Eine der ersten Regeln bezieht sich auf den Zustand während des Singens und die Art des Singens selbst. Man singe nie zur Unzeit, also namentlich nicht in einem kränklichen Zustande, zumal wenn dieser die Stimmwerkzeuge selbst betrifft. Abgesehen davon, dass es alsdann der Stimme unmöglich ist, die verlangten Dienste zu leisten, so wird auch dadurch derselben, sowie der gesamten Gesundheit überhaupt geschadet. Das weibliche Geschlecht darf namentlich während der Menstruation gar nicht singen.

Man singe nie unmittelbar nach starkem Laufen, Reiten, Tanzen oder ähnlichen körperlichen Anstrengungen. In diesen Fällen wird man nie seiner Stimme ganz mächtig sein, sondern immer wird der Gesang schwankend, unrein und keuchend sein, welches noch überdies für die Stimme und ihre Organe höchst nachteilig ist, indem sie dadurch nicht nur für den Augenblick, sondern auch, zumal wenn dieses öfter geschieht, für immer bedeutend geschwächt werden.

Man singe nicht kurz vor und kurz nach der Mahlzeit, denn in beiden Fällen geschieht es auf Unkosten der Stimme und der Gesundheit überhaupt. Möchten doch alle, welche sich Sänger oder Gesangslehrer nennen, dies wohl beherzigen, besonders aber letztere. Ein Gesangslehrer lasse es sich nicht zuschulden kommen, eine Stunde vor und eine Stunde nach Tische Unterricht zu geben. Er mache die gesangslustigen

Schüler aufmerksam auf die schlimmen Folgen, welche aus dem Singen mit leerem und mit vollem Magen entspringen. Ohne diese Folgen zu ahnen, überfüllen manche den Magen selbst während ihrer Gesangsübungen, wobei besonders die Vollblütigen, namentlich bei zu warmer Bekleidung der Brust und des Halses Gefahr laufen.

Man singe und spreche nicht zu anhaltend, denn auch dieses ist mit den nachteiligsten Folgen für die Stimme verbunden. Die Merkmale, woran man erkennen kann, dass man die angemessene Zeit schon überschritten habe, sind ein Kitzeln, Stechen, Brennen, Trockenheit, Rauigkeit etc., oder in höherem Grade Schwachwerden des Atems, schwindlige Betäubung des Kopfes. Sobald die leichteste Dumpfheit oder Heiserkeit der Stimme eintritt, muss man das Singen unterlassen, um nicht die Kräfte der Natur zu überspannen. Man kann allerdings durch Anstrengung der Brust und der Stimmwerkzeuge dieselben stärken, allein es darf das nicht auf einmal, sondern nur allmählich und stufenweise geschehen, wenn man seinen Zweck erreichen will. Auch müssen diese Übungen im jugendlichen Alter geschehen, wo der Körper noch nachgiebig und lebenskräftig genug ist, um sich an solche Zumutungen zu gewöhnen.

Der Sänger muss während des Singens frei stehen, nicht das Notenblatt, das Notenpult, die Hand oder andere Gegenstände, welche das freie Ausströmen der Luft hemmen können, dicht vor dem Munde haben. Selbst die zu nahe Umgebung von Zuhörern muss vermieden werden, wenn der Sänger nach Möglichkeit wirken soll. Auch muss der Mund selbst, soweit es der Anstand zulässt, während des Singens geöffnet sein. Fröhlich bestimmt in seiner Singschule, den Mund so weit zu öffnen, dass man einen Finger zwischen die Zähne legen könne, was freilich sehr unbestimmt ausgedrückt ist, da die Finger von gar verschiedener Breite sind. Sagen wir daher lieber, dass die Zähne während des Singens einen Zoll voneinander abstehen müssen.

Der Sänger muss sich ferner gewöhnen, seine Brust stets, besonders während des Singens, frei hervorzuheben. Dieses Ausstrecken der Brust, welches man teils aus Bequemlichkeit, teils aus Unachtsamkeit nur zu oft vergisst, befördert die Leichtigkeit des Gesanges und ist für die Gesundheit der Brust äußerst notwendig. Aus ebendenselben Gründen ist auch das Sitzen während des Singens unzulässig.

Man überschreie sich bei dem Gesange nicht. Dem Zuhörer ist damit wenig gedient, denn die auf eine so gewaltsame Weise hervorgepressten Töne können nur kreischend und widerlich sein. Wer das Überschreien zur Gewohnheit werden lässt, kann seine Stimme auf immer dadurch verderben und sich selbst Krankheiten der Brust zuziehen. Junge Damen, denen an einer schönen Stimme liegt, sollten daher auch nie im Chor mitsingen, denn das Singen im Chor gibt leicht zum Überschreien Anlass, sowie dabei auch die Reinheit der Stimme leicht verlorengeht, weil die falschen Töne, wenn sie nicht zu grell sind, unbemerkt bleiben. Sologesang ist der einzig mögliche für jeden, welcher sich im Singen hervortun will.

Wo möglich, singe man auch weder an einem zu kalten noch an einem zu heißen Ort. Durch die Extreme der Temperatur wird auch die dauerhafteste Stimme schnell erschöpft und Heiserkeit, Katarrh, sowie ähnliche Übel herbeigeführt. Am besten und zuträglichsten ist die gemäßigte Wärme. Namentlich in Konzertsälen sollte man stets darauf achten, dass die Luft nicht zu heiß werde.

Ebenso wichtig wie diese während des Singens zu beobachtenden Regeln ist auch das ganze übrige Verhalten des Menschen. Nur der gesunde Mensch kann auch eine gesunde, d.h. eine volle und klangreiche Stimme haben. Man wird diese Beobachtung alle Tage anstellen können, wenn man nur auf das Sprechen der Menschen achtet. Daher ist die sorgfältigste Lebensweise zu beachten.

Wir sind zwar keineswegs geneigt, hier eine vollständige Diätetik zu geben, aber einiges ist notwendig zu sagen.

Mäßigkeit ist das erste und das Haupterfordernis. Jede Überladung ist der Stimme, wenn nicht auf die Dauer, doch wenigstens für den Augenblick nachteilig. Am meisten empfinden dies die höheren und feineren Stimmen: Diskant, Alt und Tenor; auf den Bass, zumal wenn derselbe mit einem gesunden, starken Körper verbunden ist, macht eine Übernehmung in Speise und Getränk weniger Eindruck, sowie der Bass überhaupt sich in der Regel mehr erlauben kann, als die anderen Stimmen.

Was die Speisen betrifft, so halte man sich an die leichteren und milderen. Besonders nachteilig werden zu fette, zu saure und zu stark gewürzte Speisen für die Stimme. Den Genuss von Nüssen muss man sich ganz versagen. Vor dem Singen vermeide man Kartoffeln, in Butter oder Fett Gebackenes, fetten Hammel- und Schweinebraten. Dagegen genieße man Bouillon mit Sago und Eiern, leichte Mehlspeisen, Obst.

Auch hinsichtlich der Getränke sind die mildesten die zuträglichsten. Geistige Getränke, starken Kaffee und Lagerbier sollte eine Sängerin, sowie auch ein Tenorist, nie trinken. Von den geistigen Getränken sind die starkgeistigen, wie Rum und Liköre, wie man leicht einsehen wird, die nachteiligsten. Sind sie heiß, wie Punsch und Grog, so wird der Einfluss noch nachteiliger. Rotwein schadet noch besonders durch den zusammenziehenden Einfluss, welchen der in ihm enthaltene

Gerbstoff auf die Stimmwerkzeuge ausübt. Von dem Bier herrscht in manchen Gegenden die Meinung, dass es zur Erlangung eines tiefen Basses dienlich sei, und es mag allerdings einiger Grund zu dieser Meinung vorliegen, denn es betäubt den Geist, und mit geringeren Geistesfähigkeiten ist allemal große Tiefe der Stimme verbunden. Man möchte daher selten einen Gelehrten, einen reich begabten Künstler finden, der Bassist wäre, wogegen alle geschichtlich berühmt gewordenen Männer eine hohe Stimme, zum Teil sogar eine auffallend hohe und feine, gehabt haben.

Zu empfehlen ist dagegen reines Wasser und kurz vor dem Gesang eine Tasse schwacher Tee mit etwas Milch und viel Zucker, aber ohne Gebäck. Um dem Organ mehr Geschmeidigkeit zu geben, kann man kurz vor dem Singen einen kleinen Esslöffel voll frisches Mohn- oder Provenceöl in den Mund nehmen und langsam hinunterschlucken. Ist aber das Öl nicht mehr ganz frisch, ist es nur im Mindesten ranzig, so bewirkt es mehr Schaden als Vorteil.

Wenn es, wie schon oben gesagt, Nachteil bringt, unmittelbar nach dem Singen zu essen oder zu trinken, so wird dieser Nachteil durch kalte Speisen oder Getränke noch größer. Die Stimmorgane sind durch den Gesang erhitzt, und kalte Getränke, wie kühlende Genüsse überhaupt, können daher eine Heiserkeit veranlassen, welche vielleicht für das ganze Leben die Fähigkeit zu melodischem Gesange raubt. Aber auch die Lunge ist beim Singen in größerer Tätigkeit gewesen, und ebenso wohl erhitzt, wie durch rasches Gehen und Laufen erfolgt sein würde. Daher kann jede schnelle Abkühlung nach dem Gesang Lungenleiden, Blutstürze, Auszehrung nach sich ziehen, und wenn wir diese Leiden bisweilen bei Sängerinnen erscheinen sehen, so möchte wohl in den meisten Fällen eine zu rasche und zu schnelle Abkühlung die Ursache gewesen sein. Glaubt man nach dem Gesange einer Erquickung unumgänglich zu bedürfen, so genieße man eine Tasse mäßig warmen Tee, aber ohne Zusatz von erhitzenden Getränken.

Auch über den Einfluss des Rauch- und Schnupftabaks müssen wir hier einige Worte sagen. Was zunächst das Rauchen betrifft, so ist es in unseren Tagen so allgemein, dass es selten einen Sänger geben möchte, der nicht dieser Modetorheit huldigte. Gleichwohl können wir das Rauchen für Tenoristen wenigstens nicht als unschädlich ansehen, und ist mancher beliebte Tenorist Raucher, so ist doch recht wohl möglich, dass seine Stimme noch wohlklingender sein würde, wenn er nicht rauchte. Jedenfalls erzeugt der Rauch des Tabaks eine Rauigkeit der Stimmorgane, und das Rauchen einer Zigarre wird noch nachteiliger sein als das Rauchen einer Pfeife.

Schnupftabak ist von einem Sänger durchaus zu vermeiden. Er tötet die Reizbarkeit der Nasenhöhlen, welche als kräftige Resonanz beim Singen wirken müssen; er verstopft jene Kanäle und leidet daher den freien Durchgang der Luft und des Tones nicht.

Ferner haben wir Sängern und Sängerinnen zu empfehlen, auch außer der Zeit des Gesanges nur in einer mäßigen und womöglich gleichen Temperatur zu leben. Jede Erhitzung kann der Stimme nachteilig werden, besonders aber bei darauf folgender Erkältung. Aus diesem Grunde ist auch jeder Luftzug als sehr schädlich zu vermeiden. Vorzüglich hüte man sich, gleich nach dem Singen, wobei die Stimmorgane, wie wir schon sagten, immer mehr oder weniger erhitzt werden, in eine kühlere Luft zu gehen. Der Nachteil, welcher daraus für die Stimme und für die Gesundheit überhaupt entstehen kann, ist sehr bedeutend. Auch trage man sich, selbst in der wärmsten Sommerszeit, immer gehörig warm bekleidet, besonders um Hals und Brust, wogegen man diese Teile, um sie zu kräftigen, morgens oder abends mit frischem, kaltem Wasser abwäscht und dann sorgsam wieder trocknet.

Aber nicht nur warm, sondern auch leicht und bequem müssen die genannten Teile bekleidet sein. Jede Kleidung, durch welche dieselben beengt und zusammengedrückt werden, ist der Gesundheit im Allgemeinen, besonders aber der Stimme, äußerst nachteilig.

Auch hinsichtlich der körperlichen Bewegungen muss der Sänger stets auf Schonung und Erhaltung seiner Stimme bedacht sein. So sehr auch eine mäßige Bewegung des Körpers der Gesundheit nützlich und nötig ist, ebenso verderblich ist für die Stimme jede übermäßige Anstrengung desselben. Dahin gehört schnelles und anhaltendes Gehen, Laufen etc. Das Tanzen sollte eigentlich jeder Sänger und jede Sängerin ganz unterlassen. Es ist Wahnsinn, sich einem Vergnügen zu überlassen, das uns für wenige Stunden Luft mit einem ganzen Tage des Katzenjammers lohnt und dabei den Verlust der Stimme auf ewig nach sich ziehen kann. Doppelt schädlich sind aber alle körperlichen Anstrengungen, wenn sie unmittelbar vor oder nach dem Singen stattfinden. Kann man sie nicht ganz vermeiden, so sollte man wenigstens eine halbe Stunde dazwischen verstreichen lassen. Im allerwenigsten darf man aber während des Gehens oder einer anderen körperlichen Bewegung noch stark und anhaltend sprechen oder gar singen. Auch das Blasen von Instrumenten ist von jedem guten Sänger mit Recht zu vermeiden, weil es die Brust angreift und dadurch der Stimme großen Abbruch tut.

Nichts ist aber der Stimme gefährlicher, als Ausschweifungen im Genusse der sinnlichen Liebe. Der ganze Körper und Geist des Menschen leiden unter diesen Ausschweifungen, folglich in Rückwirkung auch die Stimme, allein auch unmittelbar übt die Liebe einen verheerenden Einfluss auf das Stimmorgan.

Die jungfräuliche Stimme ist auf der Stelle von der Stimme einer verheirateten Frau zu unterscheiden. Wende man mir nicht ein, dass viele unserer großen Sängerinnen verheiratet sind. Keine von ihnen erwarb ihren Ruf als Frau, alle als Jungfrauen, und dieser im jungfräulichen Zustande erlangte Ruf übertrug sich auf ihre Folgezeit. Wende man mir noch weniger ein, dass viele berühmte Sängerinnen ein ausschweifendes Leben führen. Es gibt einzelne begabte Naturen, die so für den Gesang geboren sind, dass nichts ihrer Stimme schaden zu können scheint; aber für diese seltenen Erscheinungen, die als glänzende Meteore am musikalischen Himmel vorüberziehen, ist auch mein Buch nicht geschrieben. Es ist für die geschrieben, denen nur die gewöhnlichen, vielleicht noch geringere Gaben zu Teil geworden sind, die aber gleichwohl sich durch Aufmerksamkeit und Fleiß über die Stufe der Mittelmäßigkeit im Gesange erheben wollen, und solche müssen alles meiden, was ihr Streben vernichten kann. Geschlechtliche Ausschweifung ist aber fähiger, eine solche Vereitelung herbeizuführen, der Stimme alles Metall, namentlich die für Sopranstimmen und Tenor so nötige Höhe zu rauben, als jede Ausschweifung in Speise und Trank. Was man durch Essen, Trinken und Erkältung der Stimme schadet, lässt sich oft durch die Zeit wieder ausgleichen, der Einfluss aber, welcher durch den innigen Zusammenhang der Stimmorgane mit dem Geschlechtssystem entsteht, ist nie wieder zu tilgen. Daher ist auch in der Lebensperiode, in welcher die Reife eintritt, der Gesang nur wenig zu betreiben und erforderlichenfalls ganz auszusetzen.

Namentlich gilt dieses Letztere, wie wir schon oben erwähnten, für Knaben, und bei der Wichtigkeit der Sache dürfen wir es nicht bei der gegebenen beiläufigen Andeutung bewenden lassen, sondern müssen sie hier genauer behandeln, denn es werden gewöhnlich große Fehler zur Zeit des Mutierens der Stimme begangen. Soll dieser Übergang von einer höheren

Stimme zu einer tieferen glücklich erfolgen, so darf er nie zu zeitig, aber auch nie zu spät vorkommen, sondern in dem Augenblick, wo es die Natur selbst vorschreibt, das heißt, wenn die Stimme anfängt, den Charakter einer tieferen anzunehmen. Sobald dieser Fall eintritt, ist es Zeit, mit der Gesangsstimme zu mutieren. Und zwar wird es nach Maßgabe der eintretenden Veränderungen leicht zu erkennen sein, zu welcher Stimme der Übergang geschehen muss. Geschieht dieser Übergang zu früh, so schadet man sich durch das vorwitzige Erzwingen tieferer Töne; geschieht er zu spät, so entsteht besonders der Nachteil, dass durch den allzu langen Gebrauch der Fistel die Bruststimme, besonders in Rücksicht ihrer Höhe, zu unausgebildet bleibt, ein Fehler, den man häufig an Bassisten und Tenoristen beobachten kann, welche zu lange Diskant oder Alt gesungen haben. Sehr vorteilhaft ist es, beim Mutieren, besonders in der Periode der Pubeszenz, den Gesang einige Zeit völlig liegenzulassen, damit die Stimme in dieser Krise Zeit gewinne, ihren neuen Charakter völlig auszuprägen. Bei derjenigen Stimme aber, welche man sich einmal als die angemessenste erwählt hat, bleibe man unverbrüchlich stehen und singe nicht bald diese, bald jene. Der Bassist singe nicht Tenor, der Tenorist nicht Bass usw. Durch diese Unstetigkeit werden Brust und Kehle zu sehr angestrengt, und die Stimme verliert, zumal wenn es oft geschieht, an Charakter und Ausbildung.

Schließlich müssen wir noch einige Worte über die Zähne sagen. Dass durch das Verderben und Ausfallen derselben, besonders der vorderen, die Stimme an Resonanz und Volltönigkeit verliert, ist bekannt. Daher muss auch dem Sänger und der Sängerin sehr daran gelegen sein, seine Zähne zu erhalten. Leider können wir in dieser Beziehung nur wenig sagen, denn man kennt noch zu wenig die Ursachen, durch welche die Zähne verderben. In den meisten Fällen scheint die Disposition zu guten oder schlechten Zähnen im Menschen selbst zu liegen, und zwar trifft man häufiger schlechte als gute Zähne. Übrigens ist das nicht allein in unserer Zeit so, wie man zu sagen pflegt, sondern es ist zu allen Zeiten so gewesen, wie uns ausgegrabene tausendjährige Schädel beweisen.

Die Regeln zur Erhaltung der Zähne, welche wir im Allgemeinen geben können, beschränken sich auf die folgenden. Man vermeide zu scharfe (besonders zu saure), übermäßig heiße und kalte Speisen und Getränke, zumal die Abwechslung heißer und kalter Genüsse; man verletze die Zähne nicht dadurch, dass man harte Gegenstände mit ihnen zerbeißt; man reinige die Zähne fleißig, aber nur mit kaltem Wasser und dem Finger, indem man nur im Notfall, wenn sie zu gelb geworden sind, etwas Asche zu ihrer Abreibung verwendet. Hinsichtlich des weiblichen Geschlechts will man bemerkt haben, dass das feste Binden der Haare einen besonders nachteiligen Einfluss auf die Zähne ausübe. Verloren gegangene Vorderzähne müssen Sänger und Sängerinnen durch künstliche ersetzen.

* * *

Anwendung der Stimme

Des Sängers Sprache soll der Bildung sich rühmen können, welche dem Redner eigen sein muss. Hierzu gehört vorzüglich, dass das Sprachorgan ohne Mängel sei und jeden Buchstaben rein und richtig wiederzugeben vermöge.

Die Laute werden durch die verschiedene Stellung der die Mundhöhle bildenden Teile hervorgebracht.

Um zu einer deutlichen Darstellung der Aussprache der Laute (Artikulation) zu gelangen, muss man sich die Mundhöhle in fünf Teile zerlegt denken: 1) die obere Decke des Mundes, der unbewegliche Teil des Kopfes; 2) die untere Decke des Mundes, deren Grundlage die Unterkinnlade mit den Kehlhäuten und der sich darüber erstreckenden Zunge ist; 3) die Wangen, diejenigen Fleischbedeckungen, welche zwischen Ober- und Unterkinnlade die Verbindung und den Schluss der Mundhöhle bilden; 4) der Gaumen, der hintere, in den Kehlkopf führende Teil der Mundhöhle, welcher durch Hinauftreten des Kehlkopfes von unten nach oben verengt werden kann; 5) das vordere Ende des Mundes, gebildet durch Zähne und Lippen, auch wohl die Zungenspitze. Mittels aller dieser Teile wird die Gestalt und Größe der Mundöffnung verändert.

Den Vokal A bildet man durch eine gleichlaufende Haltung der oberen und unteren Munddecke, aber das Beharren der Mundhöhle in der gewöhnlichen Lage der Ruhe. Die Zunge legt sich über die untere Munddecke, die Spitze von den Zähnen zurückgezogen, ganz im Zustande der Ruhe und in einer die Mundhöhle nirgends verengenden, den freien Durchgang der Stimme nirgends hemmenden Haltung. Die Lippen und Zahnreihen öffnen sich von einem Mundwinkel zum anderen, überall gleich weit, in dem Grade, dass die Zahnreihen etwa einen Zoll voneinander abstehen. Da im

Zustande der Mundruhe und Muskelabspannung die Mundwinkel sich zu senken und dadurch die gleichmäßige Öffnung des Mundes zu stören pflegen, so müssen sie bei der Artikulation des A ein wenig, wie zu einem leichten Lächeln, aufwärts gezogen werden.

Bei der Aussprache des E beharrt der Mund in der beschriebenen Haltung, nur zieht er sich mehr in die Breite und verliert dadurch an der Höhe der Öffnung, so dass sich die Lippen den Vorderzähnen, sie bedeckend anschließen - und die bei der Artikulation des A von den Zähnen zurücktretende Zunge legt sich mit ihrer Spitze an die Unterzähne an und hebt sich mit ihrer Mitte ein wenig, den Raum der Mundhöhle in der Mitte verringernd.

Bei der Aussprache des I hebt sich auch die Spitze der Zunge bis zur Höhe der Öffnung zwischen beiden Zahnreihen, oder auch bis an die Schärfe der Oberzähne, und die Mitte der Zunge nähert sich der oberen Munddecke fast bis zur Berührung.

Bei der Aussprache des O öffnet sich der Mund mehr, als beim A, indem beide Lippen dazu vortreten und sich aufwerfen; die Mundwinkel werden dadurch einander näher- und geradegezogen, und die ganze Mundöffnung nimmt fast die Gestalt eines lateinischen O an, während die sonstige Haltung dieselbe ist wie beim A.

Beim U strecken sich beide Lippen die Mundhöhle verlängernd vor, ohne sich aufzuwerfen, nähern sich vielmehr einander so weit, dass der größere Teil der Mundhöhle sich schließt und die Mundwinkel um ein Weniges einwärts und herabgezogen werden.

Je bestimmter man die erwähnten Lagen beachtet, desto eigentümlicher und schärfer tritt der Laut hervor. Der allmähliche Übergang der Vokale aber erscheint am einleuchtendsten, wenn man sie in der Ordnung I, E, A, O, U aufeinander folgen lässt. Indessen darf man nicht alle Vokale beim Singen mit äußerster Schärfe intonieren, wie weiter unten gezeigt werden wird.

Die sogenannten Doppellaute sind nur hinsichtlich der Schreibart Doppellaute, in Wirklichkeit aber besondere Selbstlaute, zu deren Bezeichnung uns jedoch die Charaktere fehlen, daher wir uns durch Zusammensetzung anderer Vokale helfen. Der Laut eu ist z.B. durchaus keine Verschmelzung von e und u, und auch nicht von e und ü, denn man kann diese beiden Vokale noch so schnell hintereinander aussprechen und es wird doch kein eu daraus entstehen. Beim Gesang sind indes die Diphthonge übeltönend und man singt daher a-i statt ai und ei, o-i statt oi, a-u statt au, a-ü statt eu und aeu, indem man den ersteren der beiden Laute aushält und den letzteren dann kurz nachklingen lässt, wenn der Gesangston zu Ende ist.

Durch die im Gesange weit mannigfaltigeren Modifikationen des Klanges und Tones, durch rhythmische Dehnungen, auch Trennungen und Beschleunigungen, wird die Verständlichkeit der Worte beim Singen sehr erschwert, und um so notwendiger ist es daher, sich eine genaue und vollkommen bestimmte Artikulation anzueignen. Besonders in großen Lokalen, z.B. Kirchen und Konzertsälen, ist die höchste Schärfe hierin nicht genug zu empfehlen, und zu erinnern, dass sie im weiten Raum ohnehin durch das Verhallen gemildert wird. Da namentlich durch die Aussprache der Konsonanten der freie Klang der Stimme mehr oder weniger gehemmt wird, so müssen die Konsonanten, welche eine Silbe beschließen, erst am Ende des Tones oder der Tonfigur artikuliert werden, zu denen die Silbe zu sprechen ist. Man singt daher nicht

Wald-ge-bir-ge,

sondern

Wa-ldge-bi-rge.

Ähnliches sagten wir schon oben in Bezug auf die sogenannten Diphthonge; also nicht

Tau-ben,

sondern

Ta-uben.

Namentlich vermeide man beim Gesang alle Provinzialismen, singe also das A weder zu hell noch zu dunkel. Das A muss ein reines A sein, weder an E noch an O streichen. Ebendasselbe gilt für alle anderen Vokale und Konsonanten. Man unterscheide d und t; b und p; g, j, ch und k; man spreche sp und st rein aus, nicht wie scht und schp.

Häufig hört man Personen, welche rein und richtig sprechen, dennoch die gute Aussprache beim Singen so vernachlässigen, dass man seine Leute gar nicht wiedererkennt. Hieran ist bald Unachtsamkeit, bald eine affektierte Süßlichkeit, bald das Streben schuld, durch eine gewisse Derbheit der Deklamation näherzukommen.

Ein sehr gewöhnlicher Fehler ist es, das fast stumme e am Ende der Worte gedehnt auszusprechen und z.B. guteh statt gute zu singen.

Wir schließen diesen Abschnitt mit einigen Bemerkungen, die wir wörtlich der Signora Catalani entlehnen. Dieselbe sagt in ihren Bekenntnissen über den Gesang:

"Die deutliche Aussprache der Vokale ist den Schülern der Singekunst bisher noch nicht angelegentlich genug empfohlen worden. Wenn diese Sache im Anfang vernachlässigt worden ist, so gelingt es in der Folge nicht leicht, den Fehler abzulegen. Man muss den Schülern daher ernstlich vorstellen, dass eine Gesangskomposition, deren Worte man nicht versteht, ganz ihre Absicht und Wirkung verfehlt. Der große Effekt entspringt nicht weniger aus dem Text, wie aus der Musik. Beide müssen zu diesem Zweck vollkommen zusammenstimmen. Wenn man mittelmäßige Sänger durch ihre deutliche Aussprache das Publikum in Aufmerksamkeit erhalten sah, während viel geschicktere mit ihrer undeutlichen und schlechten Aussprache ihm Überdruss und Langeweile erregten, so darf man sich nicht wundern, denn wie kann man an demjenigen Geschmack finden, was man nicht versteht?

Um eine richtige und vernehmliche Aussprache im Gesang zu erlangen, muss der Vokal sehr offen hervortönen, so dass die Stimme, die sich aus der Brust erhebt, keinen Widerstand findet, außer durch die Kunst, welche sie nach Erfordernis der Empfindung leitet und modifiziert; und der Mund, der in den zusammengedrückten und zurückgehaltenen Tönen halb verschlossen bleibt, muss beim Anwachsen der Stärke bis zum gehörigen Grad eröffnet werden. Der so geleitete Ton wird rein und angenehm, und schwerlich kann alsdann das Gekreische entstehen, welches dem Ohr so widerlich auffällt.

Man hat die Schüler ferner darauf aufmerksam zu machen, dass die Aussprache mancher Vokale, welche im gewöhnlichen Gespräch gut genug erscheint, doch in der Deklamation und noch mehr im Gesang keineswegs immer befriedigt. Das O zum Beispiel, das gedehnt ausgesprochen (z.B. Ho-ffnung) im gewöhnlichen Leben affektiert klingt, hat auf diese Weise im Gesang den rechten Klang, besonders in einem großen Lokal. Das I dagegen, in seiner ganzen Reinheit in den höheren Tönen gesungen, klingt widerlich, weil es streng ausgesprochen die Stimme zu sehr zusammenzieht oder wenigstens merklich verändert und verfälscht, daher ein guter Sänger es zum E hinneigen wird. Das E am Ende der Worte, wenn es unbetont ist, ein wenig zum A hingeneigt, erhält dadurch den rechten Ton. Das U ist ein schwer auszusprechender Vokal, weil er, scharf ausgesprochen, die Stimme zusammenzieht und, wenn man bei einem Hinneigen desselben zum O nicht das rechte Maß einhält, leicht der Deutlichkeit geschadet wird. Am leichtesten und besten ist das A auszusprechen.

Nicht weniger Aufmerksamkeit erfordert die Aussprache der Konsonanten, welche deutlich, aber auch nicht affektiert sein darf. Nichts ist z.B. widerlicher, als wenn manche Sänger durch harte Aussprache einen schöneren Ton zu geben glauben, s wie ss, d wie t, b wie p aussprechen und dem r einen Nachdruck geben, als ständen wenigstens zwanzig r nacheinander. Solche Leute singen "wir prrrreißen" statt "wir preisen" und halten das für schön, während es wahrhaft ohrenzerreißend ist.

Vieler Achtsamkeit bedarf auch die Aussprache der Konsonanten am Ende des Wortes, wo sie durchaus nicht zu hart abgestoßen werden dürfen.

Damit nun die Aussprache nicht zum Nachteil der Musik verletzt werde, wird es nützlich sein, den Schüler der Singekunst mit dem Geist und der Kraft der Poesie bekannt zu machen, und sie ihn mit der gehörigen Genauigkeit rezitieren und deklamieren zu lassen. Denn wenn er in der Deklamation die Stimme auf die Vokale legt, so gewinnt er dadurch Klarheit und Stärke in der Aussprache der Worte und Leichtigkeit im Gesange.

Mühe und Fleiß sind in noch höherem Grade nötig, um im Gesange die ihm eigene Geschmeidigkeit zugleich mit der deutlichen Aussprache der Worte zu behaupten. Die Erfahrung lehrt, wie leicht es ist, im Übergange von einer Silbe zur anderen den Gesang zu verletzen. Aber man wird seine Absicht erreichen, wenn man den Vokal aushält und schnell vom Konsonanten herabgleiten lässt, ohne diesen jedoch zu verschlucken."

* * *

Ausbildung der Stimme

Die menschliche Stimme ist aller Arten des Klanges, des vollen und dünnen, des klaren und bedeckten, auch des Metallklanges fähig. Im Allgemeinen bevorzugt man den vollen, klaren Metallklang, welcher die Frucht einer gesunden und kräftigen Organisation ist. Wem dieser volle Klang nicht von der Natur gegeben ist, der muss ihn durch angemessene Übung zu erlangen trachten, wogegen andererseits auch die schönste von der Natur geschenkte Stimme durch unzweckmäßige Lebens- und Gesangsweise verloren gehen kann.

Der dünne Klang wird in einen volleren verwandelt, wenn man jedes Hinaufziehen oder Pressen des Kehlkopfes, das sich besonders bei höheren Tönen einschleicht, vermeidet und stets mit vollem Atem, jedoch nie mit dem höchsten Grade der Kraft singt. Das Erzwingenwollen einer Kraft, welche der Sänger zur Zeit noch nicht besitzt, veranlasst dagegen, dass die Stimme einen spitzeren Klang annimmt. Klarer wird die Stimme schon durch die allgemeinen, regelmäßig vorzunehmenden Gesangübungen, von denen später die Rede sein wird.

Ferner wird der größte Einfluss durch das Anhören guter Sänger und Sängerinnen ausgeübt, daher man die Gelegenheiten dazu nie vorübergehen lassen darf. Auch das Vor- und Mitspielen eines Instruments hat Einfluss auf die Bildung der Stimme, allein dieses Instrument muss einen Ton besitzen, welcher voll und rund ist. Am geeignetsten ist die Violine, nächst ihr ein Flügel oder Piano von gesangreichem Tone.

Da die Stimme für den Gesangszweck nur durch das Ausströmen der eingeatmeten Luft hervorgebracht wird, so ist ihre Anwendung auch nur so lange möglich, als man mit Luft zum Ausatmen versehen ist, und wird durch Atemlosigkeit und das damit verbundene Einatmen unterbrochen. Es ist also wünschenswert für den Sänger, möglichst lange und viel Atem vorrätig zu haben, um die Zahl der Störungen im Gesange möglichst zu mindern. Die Stärke der Stimme hängt ebenfalls von der Fähigkeit ab, eine große Menge Atem gleichzeitig auszustoßen; die Gleichförmigkeit des Klanges aber von dem gleichmäßigen Ausatmen.

Es sind also für den Zweck des Gesanges Atemwerkzeuge nötig, welche eine große Menge Luft aufnehmen, diese möglichst lange bewahren und je nach dem Bedürfnis stärker oder schwächer ausströmen lassen können. Eine geräumig gebaute, besonders vom Halse ab hochgewölbte Brust und rundgewölbte Schultern lassen die Fähigkeit dazu voraussetzen, allein auch in den Fällen, wo von Natur eine Lunge von geringerer Kraft vorhanden, lässt sich dennoch durch Übung viel erreichen. Nur müssen diese Übungen ganz allmählich fortschreitend und nie zu lange andauernd angestellt werden.

Zur Nachhilfe dient die wichtige Kunst, beim Singen den passendsten Augenblick zum Atemholen zu benutzen, also dann zu atmen, wenn durch dieses Atmen der Gesang nicht gestört werden kann. Regeln können hier nie gegeben werden, denn sie würden alle unzähligen Ausnahmen unterworfen sein. Nur bemerken wir, dass durch das Atmen keine Unterbrechung eines Wortes oder einer zusammenhängenden Periode entstehen darf. Ein geschickter Sänger wird übrigens die Augenblicke, wo die Musik stark tönt und die Unterbrechung des Gesanges nicht bemerken lässt, zum Atmen benutzen. Man kann sehr häufig nach einem bloßen Viertel eines Taktes Atem holen, denn die Trennung oder Absetzung der Stimme am Anfang des Taktes ist in der Regel weniger bemerklich als im Fortgang, wegen der natürlichen Vollendung desselben Taktes. Mit dieser Kunst ist es einigen vortrefflichen Sängern gelungen, indem sie dem vorhergehenden Takte etwas zugaben und ebensoviel dem folgenden abzogen, das Bedürfnis des Atemholens zu verbergen und einen Vortrag zu bilden, der Lob und Bewunderung verdiente. Allein man kann hierzu nicht gelangen, ohne sozusagen den Takt überwältigt zu haben, indem man ihm nicht nur den materiellen Gehalt nimmt, sondern ihn auch beugt und gleichsam verschmilzt, wenn er zu der Verzögerung gelangt, die der Natur des Gesanges eigen ist.

Es muss ferner die Stimme für musikalische Zwecke geeignet sein, jedes angegebene Tonverhältnis, von einem gegebenen Ton aus jeden anderen Ton zu finden, richtig, sicher, in jedem etwa beliebigen Zusammenhange und in jeder etwa beliebigen Schnelligkeit der Zeitfolge anzugeben. Die Fähigkeit, jeden angegebenen Ton richtig zu singen, nennt man Intonation; die Fähigkeit, von einem gegebenen Tone aus jeden anderen ohne äußere Hilfe zu finden, Treffen; die Fähigkeit, die Töne richtig und gut zu verbinden, Portament; die Fähigkeit, Tonfolgen in beliebiger Schnelligkeit vorzutragen, Fertigkeit.

Alle diese Geschicklichkeiten setzen zwar eine natürliche Anlage voraus, sind aber in jedem richtig organisierten Menschen vorhanden und bedürfen nur der Weckung und Ausbildung.

Was nun zunächst die Intonation betrifft, so muss der Singende 1) den anzugebenden Ton bestimmt gefasst und sich vorgestellt haben, 2) vermöge seiner Stimmorgane diesen Ton auch richtig nachbilden können.

Für das erste Erfordernis kommt es auf das Gehör an, welches von Natur bei keinem Menschen die Fähigkeit besitzt, alle Tonverhältnisse und namentlich die feineren Tonunterschiede richtig aufzufassen. Es muss diese Fähigkeit vielmehr durch Fortdauer und meist lange Übung erworben werden. Zweckmäßig ist es in dieser Beziehung, die ersten Gehörübungen an ein und demselben Instrument vorzunehmen, damit dem Ungeübteren und Unfähigeren nicht durch Klangverschiedenheit die Auffassung gestört werde.

Was nun zweitens die richtige Nachbildung der Töne betrifft, so ist nicht jedes Alter für diese Stimmbildung gleich günstig. Bei fehlerloser und kräftiger Konstitution kann der Singunterricht schon mit dem zehnten Jahr beginnen, doch in diesem zarten Alter mit der nötigen Vorsicht. Jede erste umfassende Übung der Stimme hat aber den Zweck, sie zur reinen, sicheren und festen Intonation auf allen ihr zu Gebote stehenden Tönen zu gewöhnen. Es wird also bei ihr bezweckt, dass die Stimme jeden in ihrem Bereich liegenden Ton: 1) richtig, d.h. nicht einen Ton für einen anderen, 2) rein, das heißt nicht, oder doch noch keinen Viertelton höher oder tiefer, 3) bestimmt, d.h. gleich von Anfang an und ohne Schwanken nach Höhe oder Tiefe einsetzen, ihn 4) möglichst lange, 5) in allen Graden der Stärke gleichmäßig, sowie auch 6) mit zunehmender und abnehmender Stärke, vom Pianissimo zum Fortissimo und umgekehrt, 7) mit einem bei allen Tönen möglichst gleichen, 8) nach der Anlage der Stimme möglichst hellen und vollen Klange treffen und halten können. Gleichzeitig sucht man bei diesen Übungen den Umfang der Stimmen zu erweitern, denn durch ihre Ausbildung an den ihr bereits zugänglichen Tönen wird sie nach und nach zu solchen, die ihr bisher unerreichbar waren, hingeführt.

Man benutzt zu diesen Übungen das Singen der Skala oder Tonleiter, indem man zuerst den Ton angibt, welcher am leichtesten wird und dann einige Töne aufwärts und abwärts hinzunimmt. Es genügt, mit sechs oder acht Tönen zu beginnen. Bei den ersten Übungen geht man nicht über den Bereich der Bruststimme hinaus, damit sich Ohr und Stimme an den runderen und volleren Klang gewöhnen. Erst wenn die zuerst genommenen Töne in der Stimme befestigt sind, nimmt man zwei, höchstens drei, höhere und tiefere Töne hinzu. Es ist nichts nachteiliger, als hierbei zu sehr zu eilen. Nur wenn vollkommene Festigkeit der ersten Töne erlangt ist, kann man auch von den folgenden ein Gleiches erwarten. Nie schreite man aber zu einem Tone fort, den die Stimme nicht, durch die Übung im bisherigen Umfange vorbereitet, ohne zwangvolle Anstrengung erreichen kann. Besonders muss man lieber zu spät, als zu früh, das Register der Kopftöne (Falsett) zu den Stimmübungen ziehen, damit sich Stimme und Gehör an die volleren Brusttöne gewöhnen und weil der Gebrauch der Kopfstimme allemal die Brusttöne beeinträchtigt.

Die Skalaübung wird mit der Geige oder einem gesangreichen Flügel begleitet, damit die zu singenden Töne dem Gehör noch mehr eingeprägt werden.

Sobald die Skala in der C-Dur-Tonart fest eingeübt ist, werden auch die übrigen Dur-, dann die Molltonarten eingeübt, bis man mit der chromatischen Tonleiter diese ersten Übungen schließt.

Als besondere Regeln für den Skalagesang gelten die folgenden:

Kein Ton wird bei der Skalaübung eingesetzt, der nicht zuvor vorgespielt und vom Gehör schon aufgefasst ist. Dann wird voller Atem geschöpft und der Ton sogleich pianissimo eingesetzt. Von diesem Einsatz an muss der Ton nicht stoßweise, sondern vollkommen gleichmäßig, in unmerklichen Graden fortwachsen, sobald er aber die größte Stärke erreicht hat, ebenso unmerklich wieder bis zum Pianissimo sinken. Dabei darf der Ton nichts von seiner Reinheit verlieren, sondern muss stets gleich bleiben, ohne höher oder tiefer zu werden, ein Fehler, welcher bei vielen Sängern vorkommt. Das Fortissimo muss dabei in die Mitte des Atems fallen, so dass das Crescendo eben nicht länger dauert als das Decrescendo. Die genaue Beobachtung dieser Regel trägt ungemein zur Erlangung einer richtigen Haushaltung mit dem Atem bei. Auch darf das Anschwellen des Tones nie so weit getrieben werden, dass dadurch die Schönheit verloren geht. Wird dieser Fehler unbeachtet gelassen, so verliert der Sänger nicht nur den richtigen Sinn für angenehmen Klang der Stimme, sondern seine Stimmwerkzeuge und Brust werden auch ernstlich gefährdet. Folge davon ist früher Verlust der Stimme.

Die fleißige Übung, die Stimme auf einem Ton zu- und wieder abnehmen zu lassen, trägt besonders dazu bei, der Stimme Haltung, Kraft und Dauer zu geben.

Eine vollkommen ausgebildete Stimme kann einen Ton in dieser Weise 20 Sekunden, auch wohl etwas länger aushalten. Nie aber darf man ein gewaltsames, bis zu gänzlicher Erschöpfung der Lunge führendes Aushalten wagen, weil man seiner Gesundheit dadurch ungemein schadet.

Ist die Stimme in dieser Art vollkommen ausgebildet, so übt man sich in Tönen mit mehrmals wiederholtem Zu- und Abnehmen (Glockentöne, wie sie Marx nennt), wobei man immer schneller zu- und abnimmt, auch die Grade der Stärke stets zunehmen lässt. Diese Übung, bei welcher der Ton länger gehalten werden kann, weil man öfters zu dem weniger Atem erfordernden Piano zurückkehrt, ist eine der vorzüglichsten, die es gibt, daher man bedauern muss, dass sie so unendlich selten vorgenommen wird. Dann gewöhnt man sich auch, die Töne in jedem Grade der Stärke, ohne Zu- und Abnehmen, sicher einzusetzen und festzuhalten.

Ist die Intonation nach der bisherigen Weise vollkommen ausgebildet, so übt man die Intonation mit halber Stimme (mezza voce), welche im Kehlkopfe selbst durch eine zwängende Zusammenziehung der Stimmorgane erfolgt, während bei der ungezwungenen Intonation der Ton aus freier Kehle, mit dem Gefühl, dass die Stimmritze vollkommen offen ist, kommt. Der Charakter dieser halben Stimme ist ein süßer, flötenartiger Klang, wobei der Gesang vernehmbarer und deutlicher bleibt, als beim Pianissimo mit gewöhnlicher Intonation. Doch darf man diese Intonation, weil sie zwangvoll ist, nicht zu häufig anwenden, da sonst Dauer und Kraft der Organe verloren gehen, der Klang zuletzt Fülle und Metall verliert und Halskrankheiten jedem Gesange ein Ende machen.

Nachdem die Skala-Übungen beendigt sind, bei denen, wie gesagt, jeder Ton vor dem Einsetzen mit der Stimme auf einem Instrument angegeben wird, beginnen die Übungen im Treffen, d.h. in der Fertigkeit, jeden, auch nicht zuvor angegebenen Ton von einem anderen gegebenen Tone aus sicher zu finden. Zuerst übt man in dieser Weise die Skalen in der obigen Ordnung, indem man jedoch nur den ersten Ton auf dem Instrument angibt und alsdann die folgenden selbst findet. Dann werden die Terzen, dann die Quarten, die Quinten etc. geübt, indem man den Grundton angibt und nun, in Gedanken die Skala durchgehend, die Terz, Quart etc. sucht und angibt. Hat man es erreicht, in der diatonischen Skala alle Intervalle zu treffen, so sucht man sich in der chromatischen Skala auch im Treffen der halben Töne zu üben.

Alle Treffübungen, welche so weit fortgesetzt werden müssen, dass man von einem Grundton aus jede Note sicher trifft, ohne erst die zwischen ihr und dem Grundton liegenden durchgehen zu müssen, sind ohne Anstrengung vorzunehmen. Kein Ton werde länger angehalten als nötig, um ihn sicher und deutlich wahrzunehmen. Auch ist es zweckmäßig, die Treffübungen nicht, wie die Stimmübungen, auf einem Vokal, z.B. A zu unternehmen, sondern jedem Ton seine eigene Benennung, z.B. d, f, gis etc. zu geben, damit Ton, Name und Note sich zu gleicher Zeit einprägen.

Zunächst ist dann die richtige und gute Verbindung der Töne, das Portament, einzuüben.

Die Verbindung zweier Töne muss in der Weise bewirkt werden, dass einesteils beide deutlich vernommen und unterschieden werden können, andernteils aber zwischen beiden keine den Fluss des Gesanges unterbrechende Lücke entsteht. Sie kann so erfolgen, dass man unmittelbar nach dem ersten Ton den zweiten angibt (Tonverbindung) oder dass man die zwischen beiden Tönen enthaltenen kleineren Abstufungen der Höhe und Tiefe oder doch einige leicht und oberflächlich berührt (Zusammenziehung der Töne).

Die Verbindung mehrerer Töne setzt vor allen Dingen voraus, dass die Kraft des Atems zu allen ausreiche. Man übt dabei erst die Verbindung zweier Töne, indem man beim ersten die Stimme anschwellen, dann beim zweiten wieder abnehmen lässt; dann werden drei, vier und immer mehr Töne miteinander verbunden. Die sorgfältige Übung der Tonverbindung dient zugleich dazu, die Reinheit der Intonation, die Festigkeit und Gleichheit der Stimme in ihrem ganzen Umfang zur Vollendung zu bringen.

Ist die einfache Tonverbindung vollkommen erlernt, die Intonation gesichert und die Stimme für die Haltung der Töne ganz befestigt, so darf man die Zusammenziehung der Töne üben. Sie geschieht 1) entweder im vollen Klang der Stimme, oder mit leichterem, leiserem Anklang, 2) langsamer oder geschwinder, 3) mit leiser Andeutung dazwischenliegender, in harmonischem Zusammenhang denkbarer Töne (z.B. indem man bei der Zusammenziehung von g mit d das dazwischenliegende h leise hören lässt) oder nicht. In allen diesen Weisen ist sie auf allen Intervallen zu üben, doch nicht so häufig, dass sie zur Gewohnheit werden und dadurch der Festigkeit der Stimme schaden könnte.

Nach Beendigung aller dieser Übungen hat man zum Schluss die Stimmfertigkeit zu erwerben, d.h. die Fertigkeit, mit seiner Stimme alle Arten von Tonfolgen (Figuren) auch in der geschwindesten Bewegung, in jedem Grade der Stärke, in jeder Art der Verbindung auszuführen.

Nicht alle Stimmen haben gleiche Anlage zur Stimmfertigkeit, und die Ausbildung derselben muss von dem 17. Jahre an spätestens erfolgen. Nach dem 20. Jahre ist die Stimme nicht mehr fähig, eine Fertigkeit zu erlangen, wenn sie bis dahin noch gar nicht in derselben geübt war. Im Allgemeinen scheinen Kopfstimmen mehr Anlage zu haben, schnelle, laufende Figuren leicht vorzutragen. Dagegen haben Bruststimmen mehr Fähigkeit zu einem kräftigen und starken Vortrag besonders der in stärkeren Intervallen sich bewegenden Figuren. Die Ausbildung der Fertigkeit darf nicht übereilt werden, sowie man dabei nie die Deutlichkeit und Reinheit der Töne vernachlässigen darf. Nur die sorgsamste, unausgesetzt lange Übung führt zu einem bedeutenden Grade von Stimmenfertigkeit. Man unternimmt sie erst mit mäßig starker Stimme und, hat man eine Figur in dieser Weise eingeübt, piano, dann mezza voce, zuletzt aber mit voller Kraft.

Hat man eine Figur nach den verschiedenen angegebenen Weisen eingeübt, so übt man sich auch staccato, d.h. indem man nach jedem Ton etwas absetzt, als wäre eine kleine Pause zwischen den einzelnen Tönen der Figur. Diese Art des

Vortrags ist für hohe Stimmen geeigneter als für tiefe, auch nur bei schwächerer Stimme von angenehmem Eindruck.

Die ersten Übungen in der Stimmfertigkeit unternimmt man mit einer schnellen Figur, welche die Stufen in der Reihenfolge der Tonleiter insgesamt oder nur mit geringen Ausnahmen durchläuft (Läufer, Läuferübungen). Man geht dabei erst wieder die Durtonleitern, dann die Molltonleitern durch. Diesen einfachen Läufern folgen die künstlicheren, an welche sich die Übung der aus Akkorden gebildeten Figuren knüpft.

Hierauf folgt der Triller, welcher nicht von allen Stimmen bis zur Vollkommenheit erlernt werden kann. Er setzt eine bedeutende Beweglichkeit des Stimmorgans voraus, sowie besondere Kraft, sein Stimmorgan bei der schnellsten Bewegung in der engen Grenze zweier Töne festzuhalten. Um ihn zu erlernen, singt man zunächst zwei nacheinander folgende Töne, z.B. d-e, langsam nacheinander, also d-e d-e d-e d-e etc. Am folgenden Tage fährt man mit dieser Übung etwas schneller fort und so mit jedem Tage schneller, bis die Trillerschnelligkeit erreicht ist, wobei die vollkommen reine und bestimmte Intonation nicht vernachlässigt werden darf. Man übt den Triller auf allen Tönen des Stimmumfangs, übt ihn mit langer Dauer, in jedem beliebigen Grade der Stärke, im Zu- und Abnehmen, wird aber allen an eine gute Ausführung des Trillers zu stellenden Anforderungen nur nach jahrelanger, höchst sorgfältiger Übung und bei günstiger Organisation der Stimmorgane genügen können. Deswegen muss die Übung des Trillers zeitig beginnen, sobald die Stimme so weit ausgebildet ist, dass sie Töne fest und kräftig halten und diese Fähigkeit durch die Trillerübung nicht mehr gestört werden kann.

Kann man die Triller auf den verschiedenen einzelnen Noten richtig ausführen, so erlernt man die Verbindung der Triller

(Trillerkette), indem man z.B. auf c, dann auf d, dann auf e usw. trillert, nirgends aber eine Lücke lässt.

Wer alle die verschiedenen Figuren mit Schnelligkeit und allen Anforderungen entsprechend vortragen kann, der wird ein Bravoursänger genannt. Übrigens ist es kein unbedingtes Erfordernis, ein Bravoursänger zu werden. Auch der Vortrag einfacher Gesangstücke ist schön, wenn nur dieser Vortrag richtig und die Stimme genügend ist. Die Übungen der Figuren machen einen zwar interessanten, aber nicht den wesentlichen Teil des Gesanges aus.

Hauptsache ist, sich zu überzeugen, dass man nie eine große Wirkung auf das Gefühl des Hörers erreichen könne, wenn man nicht außer einer vollkommenen Intonation sich noch eine volle Gewalt über sein Stimmorgan erwirbt.

Zu einer solchen Herrschaft führt eine regelmäßige und anhaltende Übung. Wird die Intonation von einem rein gestimmten Flügel unterstützt, so muss man den größten Fleiß darauf verwenden, sich darin fest und sicher zu machen, indem man sie anfangs in der Brust zurückhält und kaum merklich hervorgehen lässt, in der Folge allmählich ausdehnt, und sozusagen mit Kraft und Nachdruck koloriert und hebt, und so umgekehrt. Auf solche Weise kommt man dahin, den Ton der Stimme zum Ausdruck der menschlichen Empfindung und Gemütsbewegung fähig zu machen.

Ferner müssen die erwähnten Übungen (das Solfeggieren) mit einfachen und gefälligen Liedern abwechseln. Auf diese Weise wird man durch das Angenehme zu dem Mühsamen aufgemuntert, das Vergnügen wird die Mühe belohnen und man wird leicht zur Bekanntschaft mit den einfachsten Verzierungen und dem reinen Ausdruck der Gesänge geführt, zugleich aber stets vom Missbrauch der gotischen Verkünstelung ferngehalten werden.

Das Studium der Nachahmung macht einen Hauptgegenstand der Gesangsschule aus. Dieses ist von der größten Wichtigkeit, weil der Mensch ohne fremde Beihilfe nicht zur Vollkommenheit in seiner eigenen Kunst gelangen kann. Man muss den nachahmen, der die Natur glücklich nachgeahmt hat. Sie ist ein unerschöpfliches Meer, und die Schönheiten in allen Künsten, welche am meisten unsere Sinne rühren, sind stets aus dieser Quelle geflossen. Man muss sich überzeugen, dass nur derjenige andere zu rühren vermag, der selbst von innigem Gefühl durchdrungen ist.

* * *

Der Vortrag

Der Sänger soll durch den Vortrag bezwecken, beim Zuhörer denjenigen Eindruck hervorzubringen, welchen der Komponist beabsichtigt hat. Dazu ist aber nötig, dass er den Sinn der Komposition vollkommen erfasst habe, dass er die Mittel kenne, durch welche jener Eindruck am zuverlässigsten erreicht wird, und dass er sich im Besitz dieser Mittel befinde oder doch die ihm fehlenden möglichst zu ersetzen vermöge.

Der Komponist kann indes mehr oder minder befriedigend geschaffen haben. Wenn er namentlich an einen gewissen Gegenstand, wie z.B. der Gesangskomponist an den Inhalt seines Textes, gewiesen ist, so kann er diesen mehr oder weniger klar, vollständig, durchdringend anschauen. Er kann sich mit seinem vollen, geistig-sinnlichen Gesamtvermögen in ihn versenken, oder ihn mit dieser und jener vereinzelten Kraft erfassen.

Wir können und müssen also die Kunstwerke nach dem höheren oder geringeren Grade ihrer Vollendung erfassen und unterscheiden. Ein vollendetes Kunststück nennen wir dasjenige, welches seinen Gegenstand nicht einseitig, sondern in seinem vollen, nach allen Kräften entwickelten Leben, mit der Vielseitigkeit und in der Einheit, die er in der Natur hat, darstellt. Wenn z.B. Glück in einer Arie den Zustand Admets zu schildern hat, in dem er die Aufopferung seiner Gemahlin für sich hindern möchte, so würde es nicht hinreichend gewesen sein, hätte er dem Gesange bloß den Ausdruck der Hoheit und des edlen Sinnes des Herrschers, oder bloß den Ausdruck seiner Liebe oder seiner Furcht, seiner Trauer, seiner Verzweiflung gegeben; es wäre nicht genügend gewesen, hätte er nacheinander alle diese Seelenbewegungen - und welche sonst noch darin liegen mögen - dargestellt; sie mussten auch alle miteinander vereinigt, in derjenigen Folge, mit dem Zusammenhang, mit den Übergängen oder Gegensätzen, in den Abstufungen gegeben werden, in welchen die Natur selbst sie in der Lage, in der sich Admet befand, hätte hervortreten lassen. Und wie in der Wirklichkeit eine Seelenbewegung sich in allen Teilen des Menschen gleichzeitig und gleichmäßig wahrnehmbar macht, die zu ihrem Ausdruck bestimmt sind, so durchdringt auch der geistige Inhalt eines vollendeten Kunstwerks alle Teile desselben, ruht nicht bloß in der Melodie, oder in der Modulation, oder im Rhythmus, oder in der Bewegung des Ganzen, oder in der Beachtung des Einzelnen, sondern bildet und bestimmt dies alles und was sonst noch im Kunstwerk wahrnehmbar wird.

Jeder musikalische Ausdruck ist unmittelbare Regung des Inneren. Soll also im vollendeten Kunstwerk ein menschlicher Zustand in seiner Ganzheit verwirklicht werden, so ist ein Zusammenhalten und Zusammenströmen aller Kräfte des Menschen nötig. Nicht immer haben jedoch die Komponisten, selbst die besten nicht, vermocht, ihre Gesangskraft bis zur Vollendung einer Komposition zusammenzuhalten. Selbst in den Werken der vorzüglichsten Tonsetzer finden sich schwächere Punkte, solche nämlich, in denen das, was dem Künstler (nach dem Ganzen zu urteilen) offenbar vorgeschwebt haben muss, nicht erreicht worden ist. Oft haben auch die Tonsetzer, aus einer gewissen Nachlässigkeit oder infolge einer hergebrachten Abfassungsweise, nicht so geschrieben, wie sie ihre Ideen eigentlich gedacht hatten. Namentlich ist diese nachlässigere Weise in Rezitativen und Arien älterer, besonders italienischer Meister und derer, welche sich nach ihnen gebildet haben, gewöhnlich.

Das Ziel des Sängers muss es nun sein, das wiederzugeben, was der Komponist in seiner Komposition beabsichtigt hat. Je vollständiger und vollkommener er das tut, desto gelungener ist seine Leistung. Es ist nicht seine Sache, dass er die vorzutragende Tondichtung selbst und aus eigenem Leben erzeuge, aber er muss des Komponisten Werk ganz vollständig und unzertrennt in sein Inneres aufnehmen, muss das von ihm erzeugte Leben empfangen und mit eigenen Mitteln lebendig vorstellen.

Hat sich der Sänger bis dahin erhoben, dass er die Absicht, das Wesen des Tonstückes klar und mit Sicherheit durchschaut, so werden sich ihm die Punkte zeigen, wo der Komponist das offenbar im ganzen Kunstwerk Beabsichtigte auszuschreiben versäumt oder wegen Unzulänglichkeit der Schrift nicht vermocht hat; und der Sinn, mit dem er das Ganze durchdrungen hat, wird ihm auch die erforderliche Ergänzung an die Hand geben. Sicheres Gelingen ist aber nur dann zu erwarten, wenn man die musikalischen Elemente, die man handhabt, genau kennt und das Wesen der Komposition vollkommen sicher und klar erfasst und durchdrungen hat.

Ein vergebliches und schädliches Bestreben wäre es dagegen, die Absicht des Komponisten, das Grundwesen seiner Tondichtung, ändern zu wollen; gesetzt auch, man hätte erkannt, dass sie eine unrichtige und unbefriedigende sei. Ein solches Unternehmen müsste ohne Gelingen bleiben, da die Mittel, welche dem Sänger beim Vortrag zu Gebote stehen, stets unzulänglich sein werden. Seine schöpferische Tätigkeit ist auf einzelne Stellen der Melodie, auf den deklamatorischen und nur in geringem Maße auf den metrischen Rhythmus beschränkt, wogegen die Grundzüge der Melodie, die ganze harmonische Grundlage, die rhythmische Anlage in allen Hauptpunkten, der ganze Inhalt der Begleitung unverändert bleiben. Ebendeshalb müssten aber Grundveränderungen in der Singstimme diejenige Einheit, welche die Komposition in der Seele des Komponisten gehabt, noch vernichten, die Intention desselben stören, ohne eine andere erfüllen zu können.

Wer nun dem ganzen Vortrag einer Komposition Vollendung geben will, der muss sein gesamtes künstlerisches Vermögen von ihr anregen, die Komposition ungehindert und unbefangen auf sein ganzes Wesen einwirken lassen. Das nennen wir sinnliche Auffassung. Je kräftiger das künstlerische Vermögen im Sänger, desto genügender wird die sinnliche Auffassung, desto reicher der Gewinn aus ihr, desto gelungener der Vortrag werden. Zur sinnlichen Auffassung ist es nötig, zuerst den Text zu erwägen, und zwar nicht als ein selbständiges Werk, nicht um festzustellen, was sich aus ihm musikalisch hätte schöpfen lassen, sondern um, nach Anleitung der ersten Auffassung, an ihm vorläufig und im Allgemeinen festzustellen, was der Komponist aus ihm gebildet hat, was er in seiner Behandlung erreichen wollte; der Text gilt dem Sänger nur als Eigentum des Komponisten, in dessen Handhabung er diesen nicht stören, wohl aber fördernd unterstützen darf.

Sobald der Sinn des Ganzen festgestellt worden ist, muss die Bedeutung der einzelnen Teile erforscht und ihre Folge und Verbindung an der Idee des Ganzen geprüft werden. In einer vollkommenen Komposition wird der Sinn jedes einzelnen Teils, wie die Folge und Verbindung aller, der Wahrheit und Natur gemäß aus der Grundidee hervorgehen. Wo dies auch nicht ist, muss Folge und Zusammenhang aus der Individualität des Komponisten konsequent hervorgetreten sein. Der Sänger kann nicht glauben, sich des Sinnes einer Komposition bemächtigt zu haben, ehe er nicht die Folge ihrer einzelnen Teile aus der Idee des Ganzen oder wenigstens aus der Individualität des Komponisten zu rechtfertigen vermag. Diese Folge, den Zusammenhang zu ändern, steht dem Sänger selbst dann nicht zu, wenn er die Komposition für verfehlt hält.

Aus dem Gesagten ist wohl zu Genüge ersichtlich, dass eine vollkommene Erkenntnis der Kunst in allen ihren Tendenzen und Vermögen sowie eine vollkommen durchdringende Erkenntnis des vorzutragenden Kunstwerks in allen seinen Bestandteilen dazu gehören, um zu einem vollendeten Vortrag zu gelangen. Da aber die Erkenntnis nur durch Zergliederung zu erlangen ist, das Wesen und eigentliche Leben eines Kunstwerks aber, gleich dem eines jeden organischen Wesens, in seiner Ganzheit besteht, so ist jene Erkenntnis nicht ausreichend zu einem vollkommenen, d.h. lebendigen Vortrag. Sie konnte nur dazu dienen, die einzelnen Kräfte des Sängers zu stärken. Jetzt muss er aber noch die Kraft haben, die vorher zerlegte Komposition wieder zu einem Ganzen in sich zu verschmelzen und aus seiner Gesamtkraft lebendig hervorgehen zu lassen. Diese Auffassung nennt man, zum Unterschied von der ersteren, die künstlerische Auffassung. Zu ihr gelangt nur der, welcher künstlerisches Vermögen besitzt und sich durch alle bisher aufgezählten Studien in allen Beziehungen gekräftigt und sicher gemacht hat.

Was nun den Vortrag mit besonderer Beziehung zu den einzelnen Kunstformen betrifft, so haben wir zunächst auf das Lied Rücksicht zu nehmen. Der wesentliche Charakter der Liedform beruht darauf, dass die Komposition die Grundidee des Gedichts, gleichsam dessen geistige Quintessenz, zu ihrem Gegenstande hat, dass gewissermaßen Komposition und Text in dem Verhältnis von Thema und Ausführung zueinander stehen. Daher werden die verschiedenen Verse, die ein als Lied komponiertes Gedicht etwa hat, nach ein und derselben Weise gesungen. Da jedoch die ungleich bestimmtere Wortsprache den Gedanken weit schneller ausdrückt, und deshalb weit schneller von Gedanken zu Gedanken sich bewegen kann, so wird nur ein solches Gedicht zum liedermäßigen Vortrag geeignet sein, das in allen Versen, mögen deren noch so viele sein und mag ihr Inhalt noch so weit von dem der ersten abführen, eine Grundidee bewahrt, die in der Komposition festzuhalten ist. Der richtige Vortrag eines Liedes kann daher nur aus dieser Grundidee gewonnen werden. Aus ihr ist die Komposition allgemein aufzufassen und zu deuten. Nach dem etwaigen Bedürfnis der verschiedenen Verse können Veränderungen mit dem Vortrag und mit der Komposition selbst vorgenommen werden. Je sparsamer dies geschieht, desto mehr wird der musikalische Ausdruck der Grundidee erhalten, desto gelungener ist daher der Vortrag des Ganzen. Aber freilich gehört dazu auch eine gelungene Auffassung des Gedichts von Seiten des Komponisten und vor allem ein Gedicht, das sich auf eine Grundidee zurückführen, das sich als Lied komponieren lässt.

Die Kanzone der Italiener gehört meist zur Gattung der Lieder, begnügt sich aber mehr mit einem allgemeinen und oft unbestimmten Ausdruck, daher Veränderungen und Zusätze zulässiger, ja meist notwendiger werden. Gemäß dem Charakter der Italiener atmen ihre Gesänge eine leicht bewegte, sinnliche, jeder gefühlvollen Subjektivität sich leicht erschließende Empfindung, erwarten aber vom Sänger eine höhere und, wo es nötig ist, leidenschaftlichere Beseelung, jedoch nie auf Kosten der allgemein herrschenden Zartheit, Weiche und Anmut, und stets mit dem Ausdruck der freiesten, aber vom Moment angeregten Bedeutung. Nur der wird sie gelungen vortragen, der von ihrer rhythmischen und melodischen Abrundung vollkommen durchdrungen ist, der durch Übung in der Figurierung vollkommen tüchtig ist, im Moment der Ausführung die Melodie neu zu schmücken und zu beleben, und der fähig ist, die Komposition aus eigener Empfindung zu beseelen.

Die spanischen Kanzonen unterscheiden sich von den italienischen nur durch einen höheren Ernst und großartigeren Schwung.

Die französischen Chansons und Romanzen sind in der Regel weniger empfindungsvoll als die italienischen Kanzonen, aber fein und zierlich, fordern vor allem geistreiche Deklamation, delikate Behandlung der Melodie, geschärfteren Akzent und von diesem aus um so zartere Senkung der Stimme.

Bei der Arie stehen Gedicht und Komposition in umgekehrtem Verhältnis wie beim Lied; jenem gehört die Grundidee, diesem die Ausführung; jeder Satz des Gedichts wird vom Komponisten weiter, als der Dichter gewollt oder gekonnt, ausgeführt. Nach dem Inhalt verschiedener Texte und der Verschiedenheit der Auffassung ist dem Komponisten bald eine weitere, bald eine niedere Ausführung der Arie, bald ein Beharren in einem Tempo und einer Taktart, bald ein Wechsel in einem oder beiden nötig. Dies hat zu verschiedenen Einteilungen Anlass gegeben. So hat man kleinere, wenig ausgeführte, auch wohl weniger auf tiefen und ernsten Eindruck berechnete Arien, zum Unterschied von größeren und ernsteren, Arietten und Kavatinen genannt. Je nach den mannigfaltigen Gemütszuständen, die musikalisch in Arienform dargestellt werden, ist auch der Vortrag ein sehr verschiedener. Die Musik ist bei der Arie im Besitz der ihr notwendigen Freiheit sich auszudehnen, um den Text ganz - in allen Teilen zu durchdringen und weiter, als es des Dichters Sache war, auszuführen. Schon deshalb wird auch der Sänger mehr Freiheit, mehr Gelegenheit haben, die Komposition nach der Absicht der Komponisten auszustatten, aber auch hier ist die vollkommene künstlerische Auffassung die einzig genügende Grundlage für die Ausführung.

Das Rezitativ steht zwischen Sprache und ausgebildetem Gesang. Es verbindet die freie Bewegung in Melodie und Rhythmus, welche der Rede eigen ist, mit der Bestimmtheit der Intervalle und der größeren Kraft der rhythmischen Akzente, welche in der Musik notwendig ist. Das Ziel des Vortragenden ist mithin Erhöhung der Rede durch Anwendung jener musikalischen Elemente, ohne Störung der freien Bewegung des Redenden.

Da nun die Sprache vorherrscht, nicht der Melodiengang und der musikalische Rhythmus wie in Arie und Lied, so hat der Vortragende im Rezitativ ungleich größere Freiheit, den Melodiengang zu ändern und Tempo und Akzent zu bestimmen, als bei allen anderen Gesangskompositionen. Auch ist die Melodie des Rezitativs um so nötiger, als die Komponisten oft nur allgemeine Andeutungen derselben geben und die genauere Ausführung dem Sänger überlassen, der natürlich das ganze Rezitativ in allen Teilen und den Inhalt desselben in allen seinen Beziehungen umfassen muss.

Vom Vortrag des mehrstimmigen Gesanges hier viel zu sagen würde überflüssig sein, da derselbe von einem Direktor geleitet wird, welcher die nötigen Erinnerungen zu geben hat.

Nur Einiges über die Rücksichten des Chorsängers auf seine Mitsänger finde daher hier Platz.

Selten wird eine Chorstimme mit völlig gleichbegabten und ganz genügenden Sängern besetzt werden können. Wollte daher jeder seine Stimme ohne Rücksicht auf die Leistungen der Übrigen gebrauchen, so würde aus den ungleichen Stimmfähigkeiten ungleicher Vortrag hervorgehen. Daher ist es Pflicht der vollstimmigen Sänger, ihre Stimme so weit zu verstärken, dass durch ihre Kraft der Mangel in den schwächeren Stimmen möglichst ersetzt werde. Da sich ferner nicht immer günstige Absätze zum Atemholen darbieten, so wird es hin und wieder auch den Chorsängern nötig, einen zusammengehörigen Satz zu unterbrechen, um Atem zu schöpfen. Geschähe das von allen Sängern zu gleicher Zeit, so würde eine zu auffallende Lücke entstehen. Jeder Sänger muss sich also bestreben, die Unterbrechung des Gesanges zu vermeiden, wo andere derselben Stimme Angehörende dazu gezwungen sind. Da im Chorgesang eine Stimme die andere deckt, so ist diese Rücksicht auf die Mitsänger so wichtig, dass ihr jede andere Rücksicht und jede Regel, die allgemein über das Atemholen gegeben ist, z.B. die Regel, nicht mitten im Wort Atem zu holen, nachsteht. Um aber diese Pflichten und Rücksichten erfüllen zu können, muss jeder Sänger mit steter Aufmerksamkeit seine Mitsänger beobachten, was ihm aber nur dann möglich sein wird, wenn er seiner Partie vollkommen mächtig ist.

Die Rücksicht, welche ein Chorsänger auf die Mitsingenden zu nehmen hat, wird ihn auch vor der Eitelkeit bewahren, seine Stimme vorzugsweise heraushören lassen zu wollen. Es ist das ein Fehler, welcher besonders das Gelingen des Vortrags leiser Stellen bedroht.

* * *

Zweiter Kursus

Wir haben uns in dem vorigen Kursus durchweg sehr kurz gefasst, damit die Leser möglichst schnell eine Übersicht von allem, was zu einem guten Gesange erforderlich ist, bekämen.

Es ist daher noch manches nachzuholen, manches gründlicher zu besprechen, und das soll in diesem zweiten Kursus geschehen.

Von der Stimme

Jeder Musiker, welcher die Vorteile seines Instruments benutzen will, muss auch den Mechanismus desselben kennen. Daher muss auch der Sänger den Bau der Kehle und die organischen Mittel, welche zur Bildung der Töne beitragen, kennen, um sich alle Regeln zu einem richtigen und schönen Gesang aneignen zu können und die Fehler zu vermeiden, welche durch unrichtige Anwendung jener Mittel entstehen und oft zur entstellenden Gewohnheit werden.

Hauptorgane der Stimme sind: die Lungen, welche sich wechselnd zusammenziehen und ausdehnen und dadurch den Atem schaffen, ohne welchen die Stimme nicht gebildet werden könnte. Die Luft (der Atem) wird durch die Luftröhre in die Lungen eingeführt und ausgestoßen. Der obere Teil der Luftröhre bildet den Kehlkopf, welcher das Hauptorgan der Stimme ist. Seine ovale Ritze, durch welche beim Atmen, beim Sprechen und Singen die Luft ein- und ausgeht, heißt die Stimmritze. Sie ist einer willkürlichen Verengerung und Erweiterung fähig, und erwirkt bei der Verengerung eine höhere, bei der Erweiterung eine tiefere Stimme. Unterstützt wird der Mechanismus der Stimme durch Gaumen, Zähne, Lippen, Mund-, Nasen- und Stirnhöhlen.

Das erste Mittel zur Bildung der Stimme ist der Atem. Er ist so wichtig, dass der berühmte Sänger und Gesanglehrer Pachierotti die ganze Gesanglehre in die Worte zusammenzufassen pflegte:

Respirate bene, mettete ben la voce, pronunciate chiaramente! - d.h. atme gut, gib die Stimme gut, sprich deutlich aus.

Das Atmen beim Singen unterscheidet sich wesentlich von dem Atmen beim Sprechen, wo es nur des gewöhnlichen Ein- und Ausatmens bedarf: der Bauch bläht sich auf, der obere Teil tritt etwas hervor und sinkt beim Einatmen wieder zusammen. Beim Gesang geschieht das Einatmen viel schneller, das Ausatmen langsamer. Beim Einatmen muss sich der Bauch schnell einziehen und schnell wieder heben, die Brust sich blähen und hervorheben. Beim Ausatmen muss Brust und Bauch sehr langsam wieder einsinken, mit der in den Lungen aufgenommenen Luft muss haushälterisch umgegangen werden, man muss sie langsam hervortreten lassen, ohne dass die Brust dabei erschüttert wird. Nur der kann Effekt mit dem Gesang hervorbringen, welcher es durch fortgesetzte Übung erlernt hat, eine möglichst große Quantität Luft in die Lungen aufzunehmen, sie lange anzuhalten und geschickt einzuteilen. Ohne diese Geschicklichkeit ist es nicht möglich, sinngemäß vorzutragen, ohne sie hat die Stimme keine Kraft, kein Metall, keine Ausdauer.

Um seinen Atmungswerkzeugen die erwähnten notwendigen Fähigkeiten zu erteilen, übt man sich auch dann, wenn man eben nicht singt, schnell, tief und voll Atem zu holen, dagegen denselben langsam ausströmen zu lassen. Man vernachlässige diese Übungen nicht, aber betreibe sie anfangs nicht zu lange hintereinander. Ein Sänger, welcher das richtige Atmen nicht gelernt hat, muss oft aufatmen, erschöpft dadurch seine Mittel bald und bringt dennoch nur schwankende, unsichere Töne hervor.

Ganz unästhetisch ist es aber, mit einer Art Ächzen, mit einem hörbaren Ton einzuatmen, und wer nicht anders atmen kann, sollte lieber das Singen unterlassen, um nicht die Ohren anderer zu zerreißen.

Der mit dem ausströmenden Atem gebildete Ton der Stimme muss frei und mit raschem Anschlag hervorkommen, er muss sozusagen nach den Lippen hin in die Öffnung des Mundes gelegt werden, damit er nicht zum fehlerhaften Kehl- oder Nasenton werde.

Eine Reihe von Tönen von gleicher Beschaffenheit bezeichnet man mit dem Ausdruck Register. Ein solches Register bildet die Bruststimme, ein anderes die Kopfstimme. Um Brusttöne hervorzubringen, muss der Anstoß wirklich von der Brust gegeben werden, daher sie immer in der tieferen Region liegen. Die Kopftöne nehmen dagegen die höheren Regionen ein und müssen mit Vorsicht in den Stirn- und Nasenhöhlen gebildet werden.

Um den Umfang der einzelnen Stimmen, welche bereits im ersten Kursus angegeben sind, näher kennenzulernen, müssen wir zunächst zeigen, wie man die einzelnen Oktaven der musikalischen Töne bezeichnet. Unsere Pianos enthalten gewöhnlich etwas über sechs oder auch sieben Oktaven, und diese benennt man in folgender Weise:

Kontratöne

C D E F G A H

Große Oktave

C D E F G A H

Kleine Oktave

c d e f g a h

c1 d1 e1 f1 g1 a1 h1

Eingestrichene Oktave

c2 d2 c2 f2 g2 a2 h2

Zweigestrichene Oktave

c3 d3 e3 f3 g3 a3 h3

Dreigestrichene Oktave

Die höchste oder siebente Oktave wird die viergestrichene genannt.

Was nun die Gesangsstimmen betrifft, so umfasst der Bass in der Regel zwei volle Oktaven, vom großen F bis zum eingestrichenen f; doch nimmt man gewöhnlich diese Stimme nur vom großen H bis zum eingestrichenen e in Anspruch, weil meistens das tiefe F zu schwach und das hohe zu schreiend ist. Die Kopfstimme dieses Organs ist so schwer mit der Bruststimme zu verbinden, dass es nur zu den ganz seltenen Fällen gezählt wird, wenn es geschieht. In der Regel wird es gar nicht geübt, um die Bassstimme nicht zu verderben.

Der Bariton hat meist den Umfang vom großen H bis zum eingestrichenen f als Bruststimme; darüber hinaus wird er Kopfstimme.

Der Tenor hat im Allgemeinen seine Brusttöne vom kleinen d bis zum eingestrichenen g oder a; von h an fängt meist seine Kopfstimme an.

Der Alt hat seine Brusttöne gerade eine Oktave höher als der Bass und auch dieselbe Unbequemlichkeit mit den Kopftönen.

Der Mezzosopran hat seine Brusttöne eine Oktave höher als der Bariton und kann auch die Kopfstimme gebrauchen.

Der hohe Sopran hat dagegen im Umfang von zwei Oktaven drei Register, nämlich 1) Brusttöne, vom eingestrichenen c an; 2) Mittelstimme, vom eingestrichenen g bis zum zweigestrichenen g; sie entsteht durch den Anstoß nach dem oberen Teil des Kehlkopfes; 3) Kopfstimme, vom zweigestrichenen g bis zum dreigestrichenen c und selbst e. Von hier an begibt sich die Stimme in die Stirn- und Nasenhöhlen. Manche Frauen reichen sogar mit dem sogenannten Überdiskant bis zum dreigestrichenen g, doch sind das seltene Ausnahmen. Da von allen diesen Registern die Bruststimme am vollsten und wohltönendsten ist, so müssen sich unsere schönen Leserinnen bestreben, dieselbe auf Unkosten der Mittelstimme um einige Töne zu erweitern und können überzeugt sein, dass sie damit herrliche Wirkungen erreichen werden. Von diesem Übergang aus einem Register in das andere müssen wir hier noch einiges bemerken.

Die Sopranstimme muss also drei Register vereinen: Brust-, Mittel- und Kopfstimme. Die Bruststimme besteht gewöhnlich nur aus vier oder fünf Tönen, von c bis f oder g. Je nachdem, wie weit die Bruststimme nun reicht, muss entweder auf f oder g die Verbindung der Brust- mit der Mittelstimme geübt werden. Diese Übung besteht nun darin, dass man durch Verlängerung des Tones die Bruststimme in die Mittelstimme und diese wieder in die erstere übergehen lässt. Die große Schwierigkeit hierbei ist, diesen Übergang ohne ein unangenehmes Schluchzen zu bewirken, welches bei dieser Verbindung leicht entsteht. Dieses zu vermeiden, muss man die Bruststimme so viel als möglich sänftigen, die Mittelstimme aber antreiben und verstärken. Das Register der Mittelstimme ist mit dem g über der Linie zu Ende, und von hier an beginnt die Kopfstimme. Das Mittel, diese beiden Register zu verbinden, ist gerade das Gegenteil von jenem. Man muss den letzten Ton der Mittelstimme verstärken und die Kopfstimme schwächen, da sie an sich stärker und klangreicher ist, und von dem Ton der Mittelstimme zu sehr abstechen würde.

Der Tenor muss zwei Register verbinden lernen, die Bruststimme und die Kopfstimme. Gewöhnlich ist der höchste Ton seiner Bruststimme das g, also werde die Übung mit f oder g angefangen; diese Übung besteht darin, mit demselben Ton aus der Bruststimme in die Kopfstimme über- und aus der

Kopfstimme in die Bruststimme wieder zurückzugehen. Das Mittel zu diesem Übergange ist, die Bruststimme zu mäßigen und die Kopfstimme anzutreiben, da sie von Natur schwächer ist als die Bruststimme. Die nicht so weit reichenden Bruststimmen müssen bei e anfangen.

Beim Mezzosopran hat die Kopfstimme oft sehr verschiedene Grenzen. Bei Bariton und Kontra-Alt sind die Register so schwer zu verbinden, dass selten ein erfreuliches Resultat daraus entsteht, obwohl es allerdings glänzende Ausnahmen gibt. Man hat Altstimmen, welche in der vollkommensten Verbindung zwei und eine halbe Oktave umfassen. So hat die Pisaroni oft eine Stimme vom f bis zum dreigestrichenen c entwickelt. Ebenso hat man auch in neuerer Zeit mehrere Beispiele von Baritonstimmen, welche mit der Kopfstimme alle Verzierungen und Gesangsfiguren der hohen Stimmlage ausführen.

Die Übungen zur Verbindung der Register werden anfangs in langsamen Noten ausgeführt, dann immer schneller, bis es auch im schnellsten Tempo geschehen kann.

Schließlich müssen wir hier bemerken, dass das richtige und schöne Hervortreten der Stimme auch von der Haltung des Körpers im Ganzen, wie aller Teile im Einzelnen abhängt. Da die Natur ihre Gaben selten gleichmäßig verteilt, so gibt sie z.B. diesem einen zu großen, jenem einen zu kleinen Mund, diesem zu lange, jenem zu kurze Zähne etc. Soweit es möglich ist, muss man dergleichen natürliche Fehler zu verbessern suchen, und es lässt sich in dieser Hinsicht manches erlangen, obgleich oft mit großer Schwierigkeit.

Die größte Aufmerksamkeit hat aber der angehende Sänger nötig, um sich vor fehlerhafter Anwendung der ihm von der Natur verliehenen Mittel zu bewahren. Oft werden solche

Fehler zur Gewohnheit und lassen sich dann nur schwer wieder ausrotten. Mancher, der alle Erfordernisse und Anlagen hatte und gut geleitet ein vortrefflicher Sänger geworden wäre, wird, wo nicht ein schlechter, doch höchstens ein sehr mittelmäßiger, nur weil er in dieser Hinsicht vernachlässigt wurde.

Die auffallendsten Mängel dieser Art entstehen oft aus einer fehlerhaften Lage der Teile, welche den Mund ausmachen. Obgleich hier der Ton nicht gebildet wird, dienen sie doch dazu, ihn zu bestimmen, und man muss diesem Gegenstand besondere Aufmerksamkeit widmen. Es ist nötig, dass der Lehrer bei den Singübungen sich dem Schüler gegenüberstelle, um ihn immerfort zurechtzuweisen, falls er etwas bemerkt, was nicht mit den Regeln harmoniert, die befolgt werden müssen, um gut zu singen.

Auch die zweckmäßige Haltung des gesamten Körpers darf beim Singen nicht als Nebensache betrachtet werden; hauptsächlich achte man darauf, sich stehend in einer geraden, natürlichen, nicht im Mindesten gezwungenen Stellung zu halten, den Kopf erhoben, ohne ihn zurückzubeugen, denn hierdurch werden die Kehlmuskeln gespannt und können nicht frei wirken. Der Mund muss wie zum Lächeln und, je nachdem es die Bildung desselben gestattet, weit genug geöffnet werden, damit man die verschiedenen Vokale rein und gleichmäßig aussprechen könne. Dabei muss man beobachten, bei welcher Öffnung des Mundes man die Vokale angenehm tönend und rein klingend singt, und gewöhnt sich dann, den Mund immer so zu öffnen. Auch achte man vor einem Spiegel darauf, dass bei Öffnung des Mundes die Gesichtszüge nicht verzerrt werden.

* * *

Von der Übung der Stimme

Man hat sich beim Singen zu üben, dass man die verschiedenen Vokale der Sprache gut ausspreche. Man nennt das Vokalisation oder Vokalisieren. Besonders hüte man sich, das a wie o auszusprechen oder ein h oder n vorzuhängen, wozu manche Anfänger geneigt sind. Es entstehen durch diesen Fehler auch die unangenehmen Nasentöne, welche oft auch dadurch hervorgerufen werden, dass man die Vokale einer Silbe, namentlich das n, zu früh ausspricht. Beim Singen muss immer der Vokal der Stimme herrschen. Man vergesse nie, dass die Dauer der Note auf dem Vokal der Stimme gehört und dass man von den folgenden Konsonanten, obwohl sie deutlich zu artikulieren sind, schnell auf den nächsten Vokal übergehen muss. Dass man nie ein Wort durch Atemholen zerreißen darf, ist schon gesagt.

Außerdem begreift man unter der Kunst der Vokalisation: 1) die Töne angeben zu können; 2) von einem Register ins andere überzugehen; 3) die Töne zu tragen, das Portamento; 4) Gesangsfiguren (Koloraturen) mit Anmut, Leichtigkeit und Bestimmtheit auszuführen; 5) den Gesang sinngemäß vorzutragen.

Beim Angeben der Töne ist erstes Erfordernis, dieselben ohne Vorbereitung frei und richtig anzuschlagen. Der erste Ton einer Phrase oder nach einer Pause, er beginne piano oder forte, muss deutlich, schnell und bestimmt intoniert werden. Ebenso bestimmt und rein muss der Ton vor jeder Pause endigen. Damit diese Endigung von allem Unangenehmen und Fehlerhaften frei bleibe, muss man den Rest des Atems im Augenblick des Tonschlusses zurückhalten, weil das völlige Ausatmen leicht den Ton treiben und unsicher machen kann. Jede Note der Skala, welche zu diesem Zweck fleißig in auf- und absteigender Ordnung zu singen ist, muss in taktmäßiger Bewegung so gesungen werden, dass zwischen der angeschlagenen Note und der darauffolgenden Note kein Kehlenansatz oder Schwung zu bemerken ist. Bei Übung dieser Skala nimmt man nicht nach jeder Note Atem, sondern singt bis zum höchsten Ton mit einem Atemzuge, schöpft dann schnell frischen Atem, um die Skala ebenso abwärts bis zum Schluss singen zu können. Man muss also nur so lange auf jeder Note verweilen, wie die feste Intonation es erfordert, und dabei den Atem sparen lernen.

Überhaupt ist unter allen Singübungen das Singen der Skala das Schwerste und Notwendigste, aber auch Belohnendste. Es führt kein anderer Weg zur Meisterschaft. Wer es dahin gebracht hat, die Skala in den verschiedenen Tonlagen mit vollkommen reiner Intonation und in jedem Tempo zu singen, der kann alsdann auch, was das Technische betrifft, alles singen. Alle tüchtigen Gesangslehrer empfehlen und fordern daher die tägliche Übung derselben vor allen anderen und selbst die völlig ausgebildeten Sänger und Sängerinnen, die es recht meinen mit ihrer Kunst, lassen nie einen Tag vergehen ohne diese Übung, durch deren Unterlassung stets Rückschritte entstehen. Nicht nur, dass durch die unter gehöriger Anleitung begonnene und ernstlich anhaltende Übung derselben die Stimme gerundet, entwickelt, fest, tönend und kräftig wird, so ist es auch das einzig sichere Mittel, die Fehler der Stimme, der Aussprache und selbst manche natürlichen Mängel der Organe zu verbessern; kurz, es ist die Seele der Gesangskunst, und keiner ihrer Jünger wird die höheren Stufen in ihrem Zauberreiche erklimmen und sich dort halten, wenn er dieses erste Mittel nicht ganz würdigen lernt und unablässig nach dessen Vervollkommnung ringt.

Das Nötige über das Singen der Skala ist bereits im ersten Kursus gesagt worden. Hier nur noch einige Bemerkungen.

Man hüte sich, höhere oder tiefere Töne, welche man noch nicht erreichen kann, zu erzwingen, denn man verdirbt dadurch die Stimme.

Sobald man, besonders anfangs, Ermüdung bemerkt, so höre man sogleich auf, denn nur nach und nach lässt die Natur sich abgewinnen; dem bedachtlos Stürmenden verschließt sie, oft auf immer, ihren Schoß.

Nur durch genaue Befolgung aller in diesem Buche gegebenen Regeln erlangt man die Eigenschaften eines ausgebildeten schönen Tones der Stimme, welche sind: dass er nicht gestoßen, sondern gezogen wird, dass er voll, frei von Nasen-, Kehlen- und Zahnklang und edel ist. Wer sich auf diese Weise zum Herrn eines schönen Tones macht, der kann über die Herzen der Hörer gebieten.

Die Skalaübung muss zuerst mit dem Vokal a geschehen. Ist die Stimme mit diesem Vokal sicher, so übe man sie mit e; mit o die Skala zu singen, ist durchaus nicht anzuraten, weil damit mehr verloren, als gewonnen wird; i und u aber sind gänzlich zu verwerfen, weil deren Aussprache der Lage des Mundes beim Singen völlig entgegen ist, die Stimme dadurch fehlerhafte Eigenschaften erhält, und so vokalisierte Gesangsabschnitte, sobald sie über vier Noten hinausgehen, eine unangenehme Wirkung machen. Sänger oder Komponisten, die auf diesen drei Vokalen einen musikalischen Gedanken ausführen, verraten einen schlechten Geschmack und verdienen Tadel.

Sobald der Atem genommen ist, muss der Ton bestimmt, aber ganz vorsichtig und sanft angegeben werden, dann anschwellen und ebenso wieder abfallen, so dass das Forte in die Mitte des Tones fällt. Ein so gehaltener Ton wird in Italien messa di voce genannt, deutsch kann man es Aushallen der

Stimme nennen. Die besten Sänger und Sängerinnen bereiten einen Orgelpunkt, eine Kadenz oder einen verlängerten Triller immer durch diesen Stimmenaushall vor, und alle, die eine gute Schule haben, werden in jeder Art von Gesang stets im gehörig beachteten Verhältnis alle Töne der Stimme aushallen lassen, besonders die länger dauernden. Sänger, welche dieses nicht ernstlich geübt haben und dennoch meinen, sie können die Stimme so austönen lassen, werden nie die herrliche Wirkung des messa di voce hervorbringen und sich immer nur als mittelmäßige Sänger beachtet finden. Durch den geschickten Gebrauch des messa di voce erlangt man die ausdruckvollsten Effekte der musikalischen Rede. Es liegt darin der unendliche Reiz, welchen die Stimme durch den Gegensatz des Piano und Forte erregt.

Eine andere Manier, besondere Betonungen der musikalischen Phrase höchst effektvoll zu geben, ist das Vibrieren oder Schwingen der Stimme, das übrigens nicht jedem Organ eigentümlich ist. Es besteht darin, jeden Ton mit Sicherheit zu ergreifen, ihm alle Stärke und allen Klang zu geben, dessen die Stimme fähig ist, und den Klang bis zum Beben, aber nicht Zittern, zu treiben, etwa wie der schwingende Ton einer Glocke, und ihn dann bis zum Pianissimo abnehmen zu lassen.

Es ist eine herrliche Gabe der Natur, doch lässt sie oft auch durch Kunst und Übung sich erlangen. Man missbrauche aber diese Gabe nicht, wie manche tun, sondern benutze sie nur selten und in besonderen Momenten, namentlich auf den Silben, wo der Akzent des Wortes liegt, auf gewichtigen Vorschlägen und auf den schweren Taktteilen, die ein sehr bestimmtes Kolorit verlangen.

Von dem Portamento ist gleichfalls das Nötigste schon im ersten Kursus gesagt und werden daher auch hier einige Nachträge ihren Platz finden.

Man hüte sich vor den vielen fehlerhaften Manieren des Portamento, durch welche viele sich lächerlich machen. Man vermeide das langsame, erzwungene Schleppen, welches auf jedem Zwischenpunkte des Intervalls, das man überspringen soll, hängen bleibt. Zu einem guten Portamento gehört, dass, wenn ein tiefer Ton auf einen hohen zu tragen ist, man mit einem kräftigen, gebundenen Schwung der Kehle von dem sanften zum starken Tone übergeht, und umgekehrt ebenso vom starken zum sanften, wenn der Ton der Höhe nach der Tiefe zu tragen ist. Man vermeidet dadurch das leicht entstehende Schmettern und befolgt zugleich das Gesetz, das hohen Tönen mehr Kraft zu erteilen gebietet als tiefen.

Ein wichtiger Gegenstand sind die Verzierungen - Läufer, Vorschlag, Triller und Doppelschlag - für den Sänger. Den Gesang richtig, mit Geschmack und Anmut zu verzieren, ist eine große Kunst, und man erkennt gar leicht die gute oder schlechte Schule, die Fähigkeiten und den Verstand der Sänger und Sängerinnen bei der Ausführung der Verzierungen. In diesem Teil der Singekunst hört man oft so entsetzliche Missgriffe und fehlerhafte Produktionen, dass man die Schüler nie genug ermahnen kann, hier recht aufmerksam zu sein. Die guten oder schlechten Manieren entscheiden hauptsächlich über das Sängerglück. Es erfordert einen ernsten Fleiß und nie endende Übung, die dazu erforderlichen Mittel zu erlangen und solche zu erhalten.

Einen vollkommenen Läufer (Roulade) zu machen, ist unstreitig das Schwierigste unter den Gesangsverzierungen. Die Töne, welche den Läufer ausmachen, müssen zugleich gebunden und in der Kehle abgestoßen werden, und indem man so die Töne artikuliert, muss man auch vermeiden, den abstoßenden Atem zu merklich werden zu lassen. Der geringste Verstoß gegen diese Regel bringt leicht eine Wirkung hervor, die dem Kichern gleicht und Meckern genannt wird. Dieser Fehler ist schwer zu verbessern, wenn er einmal angenommen ist. Man hört leider nur zu oft diesen schlechten Vortrag des Läufers und erkennt daran leicht den Mangel einer guten Schule wie den Grad der angewendeten Fleißes. Bei einem aufsteigenden Läufer muss die Stärke des Tones allmählich wachsen und abnehmen beim abwärtsgehenden, jedoch ist neben dieser Regel und unbeschadet derselben zu bemerken, dass der Anfangston eines Läufers immer kräftig angegeben werden muss, gleichsam als Antrieb für die folgenden, welche dann nach der Regel zu nuancieren sind. Beim Singen des Läufers darf kein Teil des Mundes sich verziehen, sondern derselbe muss, wie bei der Skala, in unveränderter Lage bleiben.

Erstes Erfordernis zum Läufer ist die Leichtigkeit der Stimme, doch kann viel durch Übung erlangt werden, wenn die Natur nicht genügend gewährt hat. Diese Übungen werden erst langsam gemacht, um die sichere Intonation immer mehr zu vervollkommnen. Je nachdem diese zuverlässiger wird, beschleunigt man allmählich die Bewegung derselben, bis man das glänzende Allegro einer Roulade erlangt. Die Läufer und Rouladen mit ihren ins Unendliche gehenden Veränderungen, die der einsichtsvolle Sänger ihnen nach den Forderungen des herrschenden Geschmacks zu geben weiß, dienen dazu, Mannigfaltigkeit in den Gesang zu bringen, indem man eine einfache Phrase damit ausschmückt, eine Passage bei der Wiederholung verändert usw. Man übe sie abwechselnd mit voller und halber Stimme, forte und piano, crescendo und decrescendo, und suche vor allen Dingen eine gute Klangfarbe beim Singen derselben zu erhalten. Auf diese Weise erlangt man Gleichheit der Register, Gewandtheit der Kehle, und oft wird die härteste Stimme in wenigen Monaten geschmeidig.

Von dem Vorschlag ist bisher noch nicht die Rede gewesen. Er heißt im Italienischen Appoggiatura, d.h. Stütze; denn die Stimme soll sich auf die Vorschlagsnote stützen, auf ihr ruhen und dann zur Hauptnote übergehen. Der Vorschlag von oben muss kräftiger angegeben werden als die Hauptnote. Verweilt man zu wenig oder zu viel auf dem Vorschlag, so wird in beiden Fällen die Wirkung verfehlt und verliert den Ausdruck. Um also diese Manier mit Erfolg zu gebrauchen, kommt es darauf an, die rechte Schattierung zu treffen, damit solche weder zu weich noch übertrieben markiert werde.

Von dem Triller oder Trillo ist das Nötigste bereits im ersten Kursus gesagt. Er ist darum schwierig zu lehren, weil es keine Regel gibt, nach der man mit Sicherheit bestimmen könnte, wie die Kehlorgane wirken müssen, um den glänzenden Erfolg und die Anerkennung zu erlangen, die einem vollkommen ausgebildeten Triller selten versagt bleibt. Alles, was man tun kann, ist, eine Methode vorzuschreiben, welche die Natur bei der Wirkung der Organe richtig leitet. Die Methode der alten italienischen Gesangsmeister, um das Trillo der Schüler, die von Natur Anlage dazu hatten, zu vervollkommnen oder denen zu verschaffen, welchen die Natur diese Anlage versagt hatte, bestand hauptsächlich darin, sie beizeiten und täglich in Beispielen zu üben, die mit dieser Verzierung in Verbindung stehen. Diese unablässige Übung bildet die Organe aus und leitet sie nach und nach zu der gleichen schwingenden Bewegung, welche zum Triller gehört und seine Schönheit ausmacht.

Sonst bemerken wir hier zu dem im ersten Kursus Gesagten nur noch, dass man den Triller auf jedem Ton im Umfang der Stimme versuchen und dabei denjenigen merken muss, auf welchem seine Ausführung am leichtesten wird. Hier übe man ihn nun vorzugsweise, wodurch man bessere und schnellere Fortschritte macht und ihn dann leichter auf jedem anderen Ton wird anschlagen können.

Den Doppelschlag, der ebenfalls eine liebliche Verzierung ist, vollkommen auszuführen, muss man ihn leicht artikulieren, ihn gleichsam um die Hauptnote mit Geschmack gruppieren; die erste Note muss aber etwas stärker angegeben und länger gehalten werden als die andere. Die Bewegung des Vorschlags richtet sich nach der Bewegung des Musikstücks, dessen Charakter und der musikalischen Phrase, in der es vorkommt. Im langsamen Tempo wird es langsam, im lebhaften kräftig und schnell angegeben.

Ein zur Übung und Anwendung aller Regeln der Singekunst bestimmtes Musikstück nennt man ein Solfeggio, und das Singen solcher Übungsstücke Solfeggieren oder Solmisation. Von vielen guten Meistern gibt es Sammlungen von Solfeggien. In solchen Sammlungen müssen alle Wendungen und Verzierungen des Gesanges vorkommen.

Die Solfeggien wechseln übrigens mit dem Geschmack der Zeit und nach dem Gebot der Mode. Jetzt, wo die Opern von Meyerbeer und anderen mit ihren Bravourarien gesungen werden, genügen die vortrefflichen Solfeggien der älteren Meister nicht mehr. Beim Üben der Solfeggien gebrauche man die Buchstaben a und e, vorzugsweise a, oder noch lieber La, um die angemessene Haltung der Zunge zu erhalten. Die Artikulation des L bringt notwendig und von selbst die Zunge in die angemessene Lage. Jedes mechanische Mittel dagegen, z.B. das Niederdrücken der Zunge mit einem Finger, Löffel, Stäbchen u. dgl., dessen sich Gesangslehrer sonst wohl bedienten, kann nur für den Augenblick dienlich sein, da es einen äußeren Zwang statt einer freien Bewegung und Haltung verursacht.

Wenn ein Schüler alles, was die Vokalisation und die Skala erfordert, ausführen kann, so trachte er, mit Hilfe eines erfahrenen Lehrers und nach anderen guten Vorbildern sich mit den Manieren und Verzierungen des Gesanges bekannt zu machen. Regeln oder Beispiele darüber vorzuschreiben, ist nicht wohlgetan, denn es wäre ein arger Fehlgriff, jeder Stimme dieselben Manieren zur Ausführung zu geben, weil eine Stimme die schwierigsten Passagen mit Leichtigkeit macht, während eine andere sie mit der höchsten Anstrengung nicht erreicht.

* * *

Der Vortrag

Zur Vollendung des Sängers gehört nicht nur eine schöne Stimme, die nach der besten Methode ausgebildet ist, staunenswerte Mittel der Ausführung, fertiges Treffen, sondern er muss auch seine Sprache gründlich verstehen, damit er die Worte gehörig ausspreche, er muss richtig akzentuieren, muss die Feinheiten und Schattierungen des Stils erfasst haben und seinen Vortrag den verschiedenen Arten des Gesanges richtig anpassen können.

Bei der Aussprache ist hauptsächliches Erfordernis, dass man rund und hell ausspreche. Dies zu erlangen, muss man die Stimme gemächlich benutzen und mit Ruhe und ohne Anstrengung aus der Brust hervorströmen lassen; die verschiedenen Töne der Stimme auf die mit der Note bezeichneten Silben und Worte richtig verteilen; nie das Wort von dem Ton trennen, der es hörbar machen soll, was mancher zuweilen durch erzwungene Aussprache tut und den Ausdruck zu erhöhen glaubt, während er nur Unwissenheit und schlechte Schule verrät; die Mitlauter richtig artikulieren, indem man ihnen den Grad von Stärke gibt, den der Ort, wo man singt, und die Stärke des Orchesters erfordern.

Durch richtig getroffene, verhältnismäßig starke Artikulation der Mitlaute kann sich der Sänger oft hörbarer machen, als jede Anstrengung der Stimme es vermag. Doch hüte man sich vor Übertreibung und vermeide es ja, die Mitlaute zu verlängern und sie nach verzögerten Vokalen über die Maßen hervorbrechen zu lassen, was besonders lächerlich beim r ist, auf dessen Schnarren mancher Sänger so stolz ist.

Es gehört zum richtigen Vortrag ferner die Beachtung der musikalischen Phrase. Wie in der Sprache eine Gedankenreihe durch mehrere kleine Abschnitte zu einem Ganzen sich rundet und aufbaut, so spricht sich auch ein musikalischer Gedanke durch Abschnitte von vielfach modifizierten und figurierten, unter einer Harmonie befassten Akkorden aus. Diese Abschnitte von Akkorden nun, welche, wie jene Redeabschnitte mit Einsicht zusammengestellt, das schöne Ganze bilden, nennt man eine musikalische Phrase. Das Atemholen spielt hier eine wichtige Rolle. Indes glaube man nicht, dass die Kunst, sinngemäß vorzutragen, durch das lange Atemholen allein erlernt werde, sondern vielmehr dadurch, dass man zu rechter Zeit an den durch die Harmonie in den musikalischen Phrasen angezeigten Stellen Atem nehme, d.h. dass man in der Regel nur nach dem Schluss einer Phrase atme. Eine Phrase besteht gewöhnlich aus mindestens vier Takten. Da nun aber ein Atemzug oft auf vier Takte nicht ausreicht, besonders in langsamer Bewegung, so kann man den vermittelnden Ruhepunkt benutzen, welchen meistens jede Phrase enthält, um einen halben Atem zu schöpfen. Der volle Atem findet nur nach dem Schluss der Phrase statt, der halbe ist auf dem vermittelnden Ruhepunkt denen vergönnt, die eine schwache Brust haben.

Dieser höchst wichtige Punkt der Singekunst kann Lehrern und Schülern nicht dringend genug empfohlen werden. Ein Sänger, der ein Stück nicht sinngemäß vortragen kann, wird mit aller Fertigkeit und den reichsten Naturgaben nie vorzüglich genannt werden können. Was die Syntax für die Sprache, das ist für den Gesang die Kunst des sinngemäßen Vortrags. Ein sinnlos vorgetragener Gesang wird unverständlich und lächerlich. Wer nur Noten und Takt und Intervalle sieht und wiedergibt, erscheint wir ein kalter Automat, während ein Sänger, welcher fühlt, was er singt, dabei die Phrasen des Gesanges mit Einsicht und richtigem Akzent bezeichnet, jeden Hörer befriedigt und oft nur durch richtigen Vortrag desselben Musikstücks, das vorher unbeachtet blieb, zur Bewunderung hinreißt.

Der richtige Ausdruck, der sogenannte musikalische Akzent, muss von innen kommen, er ist Naturgabe, keine Kunst kann ihn schaffen. Dann erst steht der Sänger groß da, wenn er, mit den durch seinen Fleiß erlangten technischen Mitteln ausgerüstet, es nun auch versteht, beim Vortrag des Textes in dessen Sinn, in die Lage der Person, aus dessen Seele er singen muss, in ihre Ideen, Gefühle, Leidenschaften ganz einzugehen. Die Worte wie die Lage der Töne bestimmen den Charakter der Musik; der Sänger muss das treue Organ des Dichters wie des Musikers sein. Er muss von beiden durchdrungen, begeistert sein, und alles andere dann vergessen. Dann erst erhalten die Töne, die er wiedergibt, und die Worte, die er ausspricht, jenen wunderbaren Ausdruck, der noch weit mehr oft zur Rührung und Bewegung dient, als Stimme, Worte und Töne selbst; dadurch erst entstehen jene Schattierungen, die so mächtig ergreifen. Das ist das große Geheimnis des Gesanges, aber es liegt tief in der Brust des geweihten Sängers. Nicht lehren kann das die Kunst, aber dahin leiten kann sie, und durch ihre Mittel die Schöpfungen des Sängers verherrlichen.

Es gibt keinen Ausdruck ohne Wahrheit und keine Wahrheit ohne reine Empfindung dessen, was man ausdrücken soll. Man hört ebenso oft kalte wie übertreibende Sänger. Jene erreichen ihren Zweck nicht, diese überschreiten ihn und beide missfallen, weil sie sich von der Wahrheit entfernen. Diese Klippen zu vermeiden, studiere man mit Aufmerksamkeit den Gang der Leidenschaften im gewöhnlichen Menschenleben wie in der Geschichte und lerne dabei den Umfang des eigenen physischen und psychischen Vermögens genau kennen, um sie frei und der Wahrheit gemäß leiten und jene Leidenschaften darstellen zu können.

* * *

Wahl der Singstücke

Die Sprache des Deutschen ist ernst wie er selbst, und sein Sprachorgan will sich wohl zum reinen Scherz, nie aber zum niedrig Komischen bequemen. Die Leute an der Seine, am Tiber und dem Manzanares nennen ihren Arlequin, Buffo und Gracioso eine Würze des Vergnügens, - der Deutsche nennt ihn Narr, Hanswurst.

Es will demnach dem deutschen Sänger nicht gelingen, in der sogenannten Musica parlante (Plappermusik) zu gefallen, sein Vortrag wird immer unvollkommen bleiben, vorzüglich dann, wenn die Übersetzung, wie gewöhnlich, mit dem Original gar nicht stimmt, wie z.B. in der Arie des Barbiers von Sevilla von Rossini: *"Ich bin das Faktotum der ganzen Welt"*, oder in dem Duett: *"Sie müssen sich bequemen"* aus Cimarosas heimlicher Ehe, wie denn alle diese komischen Gesangsstücke meist schlecht übersetzt sind. Wollen wir aber unser Zwerchfell durch solche Dinge erschüttern, so sei es in Gesellschaft vertrauter und für den Augenblick solchem Scherz ergebener Freunde. In gemischter Gesellschaft taugen sie nichts; des Sängers Mühe wird nicht belohnt, und häufig tritt er, wohl fühlend, dass er nicht zum Buffo tauge, beschämt zurück. Sängerinnen aber müssen von solchem Gesang stets fernbleiben; sie verletzen dadurch ihre weibliche Würde.

Aber noch eine wichtige Sache ist bei der Auswahl unserer Produktionen wohl zu beachten. Es ist bekannt, wie sehr auch die größten Komponisten sich nach den Sängern der Hauptrollen bequemten. Die beiden Arien der Königin der Nacht in Mozarts Zauberflöte, die zu einer Höhe der Stimme schreiten, welche für die meisten Sängerinnen unerreichbar ist, führen den Beweis. Dergleichen zum Vortrag zu wählen, bleibt daher immer eine gewagte Sache, denn unter solchen Anstrengungen müssen Brust und Lunge leiden, und nicht selten erdreistet sich der Zuhörer, hier einen Beweis von Unbescheidenheit zu finden. Lassen wir demnach solche Produktionen billig der Bühne.

Endlich wird unsere Wahl richtig genannt werden, wenn wir dabei auf den besonderen Charakter Rücksicht nehmen, den unsere Stimme ausspricht. Agathe und Ännchen sind beide Soprane, Tamino und Monostatos sind beide Tenöre, Agamemnon und Papageno sind beide Bassisten, und dennoch, welchen besonderen Vortrag verlange nicht!, auf welche Abweichung in Sprache und Tonklang deuten sie nicht hin!

Teilen wir demnach die Rollen nicht verkehrt aus und überlassen wir uns - da niemand seine eigene Stimme richtig beurteilen kann - dem Willen eines Sachkundigen.

Verbesserung und Wiederherstellung der kranken Stimme

Einer der gewöhnlichsten krankhaften Zustände, welche die Stimme treffen können, ist die Heiserkeit, wobei die Stimme besonders an Deutlichkeit und Bestimmtheit des Tons mehr oder weniger verliert. Ja, bei dem höchsten Grade der Heiserkeit geht endlich die Stimme in völlige Tonlosigkeit über; denn hier ist kein Verhältnis von Höhe und Tiefe, folglich auch kein eigentlicher Ton, keine Stimme, sondern nur ein dumpfes Zischen möglich. Die Entstehung der Heiserkeit ist oft katarrhalisch, und dann verfährt man, wie bei der Heilung des Katarrhs. Oft rührt die Heiserkeit von zu vielem Sprechen und Singen her und hat dann ihren Grund in der dadurch erzeugten Trockenheit des Kehlkopfs und der Abspannung seiner Muskeln. Ruhe und Schonung der Stimme ist hier das Nötigste, was man zu tun hat, damit jene Teile wieder Zeit gewinnen, gehörige Feuchtigkeit und Kraft zu sammeln, wozu man auch durch Anwendung gelinde reizender und anfeuchtender Mittel beitragen kann, z.B. durch Gurgeln mit lauem Fliedertee und Honig, oder noch besser mit frischem (nicht ranzigem) Mohnöl. Heiserkeit vom Genuss fetter Speisen, Kuchenbackwerk, namentlich in Butter oder Öl gebackener oder gebratener Sachen, verliert sich nur allmählich. Ein frisches mildes Fett oder Öl macht den Kehlkopf geschmeidig und verbessert die Stimme, ein verdorbenes Fett aber (und beim Braten oder Backen wird jedes Fett mehr oder weniger ranzig) greift den Kehlkopf an und macht ihn rau.

Wer oft und bei jeder leichten Anstrengung der Stimme der Heiserkeit unterworfen ist, der hat Ursache, für seine Brust besorgt zu sein und unterlasse das Singen lieber.

Ist die Heiserkeit katarrhalischer Natur, so schont man die Stimme ebenfalls, bis die Heiserkeit vorüber ist. Unterstützen kann man die Heilung, indem man nachts ein angefeuchtetes leinenes Tuch um den Hals trägt und um dasselbe einen wollenen Schal windet, so dass das feuchte Tuch an keiner Stelle mit der äußeren Luft in Verbindung steht.

Bei angeborener Rauigkeit der Stimme, die besonders in nordischen Klimaten sehr häufig ist, lässt sich wenig zur Verbesserung tun. Nur durch zweckmäßige und vorsichtige Übungen im Singen und Sprechen kann man hier noch einigermaßen nachhelfen. Überhaupt kann an Verbesserung einer solchen Stimme wenig gelegen sein, weil sie doch von der Natur weder zum Gesang noch zum Rednervortrag bestimmt ist.

Engbrüstigkeit und Kurzatmigkeit, wenn sie nur in einer Schwäche der Brust begründet sind, erfordern solche Mittel, welche auf Stärkung derselben abzwecken. Schon die Übung im Sprechen und Singen kann eine Stärkung der Brust bewirken. Nur vergesse man nicht, dass diese Stärkung durch Übung in der früheren Jugend sehr allmählich und mit Mäßigung geschehen muss, wenn man nicht gerade das Gegenteil bewirken will.

Das Zittern der Stimme und die Unfähigkeit, die Töne gehörig lange zu halten, kann von Schwäche der Brust herrühren oder von momentanen Störungen durch vorausgegangene körperliche oder Gemütsbewegungen. Wo dieses der Fall ist, da lässt sich nichts weiter tun, als dass man der Stimme womöglich einige Zeit Ruhe vergönnt. Ist die Erscheinung eine Folge von Schwäche der Brust, so gilt das, was bereits in dieser Beziehung gesagt wurde. Wo aber alle jene genannten Ursachen nicht stattfinden, da kommt es nur darauf an, der Stimme durch zweckmäßige Übung gehörige Festigkeit zu verschaffen. Diese Übung besteht darin, dass man sich befleißigt, einzelne Töne lange und gleichmäßig zu halten.

Um alles zu entfernen, was die Resonanz der Mund- und Nasenhöhle stören könnte, muss man durch Ausspülen von Mund und Nase mit nicht zu kaltem Wasser allen Schleim aus denselben entfernen. Zahnlücken werden durch eingesetzte Zähne ersetzt.

Sonst verweisen wir auf das, was bereits im ersten Kursus über die Erhaltung der Stimme gesagt wurde.

* * *

STICHWORTVERZEICHNIS

* * *

Bisher erschienen:

Bruns, Paul	Carusos Technik in deutscher Erklärung (1922) (ISBN 978-3-00-023411-8)
Garcia, Manuel	Beobachtungen über die menschliche Stimme (1855) (nur www.lulu.com)
Lehmann, Lilli	Meine Gesangskunst (1922) (ISBN 978-3-00-022593-2)
Minoja, Anastasio	Anleitung zur vollständigen Ausbildung im Gesange (1857) (ISBN 978-3-00-023408-8)
Rathenau, Walther	An Deutschlands Jugend (1918) (ISBN 978-3-00-023407-1)
Schott, Anton	Hie Welf! Hie Waibling! - Streitfragen auf dem Gebiete des Gesanges vom Standpunkt eines singenden Darstellers (1904) (ISBN 978-3-00-022594-9)
Wolff, Karl (Hrsg.)	"Manuel Garcia" - Zu seinem hundertsten Geburtstage (1905) (nur www.lulu.com)

laufende Neuerscheinungen siehe www.maxhoerberg.de

Sämtliche Bücher können

direkt über www.lulu.com bestellt werden.

www.ingramcontent.com/pod-product-compliance
Ingram Content Group UK Ltd.
Pitfield, Milton Keynes, MK11 3LW, UK
UKHW021821190726
13853UKWH00003B/1104